日経文庫
NIKKEI BUNKO

やさしいマクロ経済学

塩路悦朗

日本経済新聞出版

プロローグ
この本で何を学ぶのか

この本のねらい

この本はマクロ経済学についての入門書です。経済学には3本の柱があります。それが**ミクロ経済学、マクロ経済学**、それからデータの分析のしかたを学ぶ**統計学・計量経済学**です。この3つから、経済学のいろいろな分野（財政学、労働経済学など）が枝分かれしています。この本では、マクロ経済学というものをこれまで学んだことがない人を主な読者として想定しつつ、その基本的な考え方を説明します。

経済学とは何か

本題に入る前に、経済学とは何かについて、少しだけ述べたいと思います。よく経済学はおカネの学問と呼ばれます。あるいは「金銭欲」について研究するものだと言われます。私はこれはちょっと不正確ではないかと思っています。

経済学とは本来、どうしたら人々が幸せになれるのかを考える学問です。ただ、この場合の幸せというのは、ほとんどの場合、物質的な意味での幸せに限られます。たとえば、まんじゅうがたくさん食べられてうれしいとか、きれいな絵を眺めて満足するとか、長時

間働かされて不満だとかいったことです。その意味で経済学は「物欲」について研究する学問なのです。（人の絆の大切さのような、より精神的な幸福については、経済学ではようやく研究が始まったばかりです）。

　さて、このようなことを書くと、金銭欲と物欲とはどれほど違うのか、と言われてしまいそうです。でも、おカネは食べられませんよね。あるいは仮にいま100万円を持っていてもモノの値段がとても高くて、まんじゅう1個しか買えなければ、あまりおなかは一杯になりません。おカネはそれ自体が人生の目的ではなく、モノを得るための取引の手段、つまり物欲を満たすための媒介にすぎないといえます。実はほとんどの経済学の理論にはおカネは、事実上、出てきません（ほぼ唯一の例外が、この本で説明しようとしているマクロ経済学〈の一部〉なのですが、それについてはこのプロローグの後ろの方で触れます）。

マクロ経済学とは

　マクロ経済学とは国全体の経済の動きや仕組みを理解しようとするものです。たとえばGDP（国内総生産）という統計がありますが、これは国全体でどのくらいのモノが作られているかを表す指標です。この本ではこのGDPなるものがどうやって決まっているのかという話にかなりのページ数を割くことになりま

す。ほかにも、国全体でどれだけの消費が行われているのか、どれだけの投資が行われているのか、輸出や輸入はどれくらいか、といったことがこの本での分析対象になります。この本ではほかにも、モノの値段の決まり方や利子率、為替レートの決まり方などを考えていきます（いま出てきているいろいろな用語はあとでちゃんと定義を紹介しますので、いまは心配しないでください）。

このように国全体を大きな目で見るというところが、もう1つの経済学の柱である**ミクロ経済学**との最大の違いです。ミクロ経済学では対照的に、ある一つのモノの取引を取り上げて、これを詳細に分析することが多いのです。たとえば（いろいろあるお菓子の中で）アイスクリームの値段や、その売れ行きの決まり方を考えるのはミクロ経済学のテーマです。

マクロ経済学というと、経済学を専攻する大学生ですら、「なんだかわからないけど、何となくこわい」という感情を抱く人が多いようです。名前がいかついからでしょうか……。さっきみたいに「国全体の……」とか、大きく振りかぶったようなものの言い方をすると、「それじゃ自分の暮らしには関係ない」と思って、ますます逃げ腰になる人が多いような気がします。

しかし、日本の経済がどうなるかは、多くの人が思う以上に、私たちの暮らしに密接に結びついていま

す。例えば、日本の景気が悪くなれば、給料カットされて生活が苦しくなるような人もいるかもしれません。友人や親せきの中には職を失うような人も出てこないとも限りません。学生だったら、親御さんからの仕送りが減って困るような人もいるかもしれません。本書を手にしていただいた皆さんにはぜひ、恐怖心の壁をつき破って、マクロ経済学の大海原の航海へと乗り出していただきたいと思っています。

マクロ経済学で取り扱うテーマ

　新聞の切り抜き①を見てください。これは 2009 年 2 月 16 日の日本経済新聞夕刊 1 面です。ニュースは日本の GDP が大幅に減少したというものです。もちろん、書かれていることはまったく理解できなくても大丈夫です。まだ GDP とは何かすら、ちゃんと説明していないのですから。今はただ、この紙面から伝わってくるただならぬ切迫感、何か大変なことが起こったらしいという雰囲気を感じ取ってください。

　実はこの記事の出た前年の 9 月にリーマン・ブラザーズ社（当時米国にあった大手金融機関）が倒産したのをきっかけに不景気の波が世界中に押し寄せます。これが**リーマン・ショック**と呼ばれるものです。その荒波を日本がもろにかぶってしまったことを知らせるのが、この記事なのです。

　マクロ経済学で特に重要なテーマがマクロ経済政策

プロローグ　この本で何を学ぶのか　　7

切り抜き①　日本経済新聞 2009 年 2 月 16 日夕刊 1 面

GDPマイナス12.7%
35年ぶりの減少率

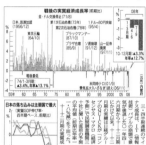

10—12月実質年率、3四半期連続減

内外需総崩れ　輸出落ち込み最悪

政府・与党　追加対策急ぐ

輸出頼み　反動深刻
GDP減少幅　主要国で突出

の効果です。これは政府（中央銀行を含め）の政策に
よって不景気をやわらげたり、物価が上がりすぎるの
を抑えようとする努力のことを指します。マクロ経済
政策は**財政政策・金融政策**の2つからなります。これ
に**成長戦略**も入れて3つと数えることもあります。

　切り抜き②を見てください。これは2009年4月11
日の日本経済新聞朝刊の1面です。記事はリーマン・
ショックの悪影響をやわらげるために政府がいろいろ
な政策を打ち出したことを伝えています。その1つと
して財政支出を15兆円増やしたということが記事の
左上のほうに書かれています。このように政府が支出
を増やしたり減らしたり、あるいは税金（**租税**）を増
やしたり減らしたりする政策のことを財政政策と呼び
ます。まれに見る不景気のさなかにこのような政策が
とられたということは、政府や多くの人がこの政策は
景気によいと信じていたことを示しています。実際の
ところ、財政政策は景気にどのように影響するのでし
ょうか。これもこの本を通じて解き明かしていきたい
謎の一つです。

　切り抜き③は2008年12月19日の日本経済新聞夕
刊1面です。これは**日本銀行（日銀）**に関するもので
す。日銀は日本の**中央銀行**、つまり世の中にどのくら
いおカネを出すかを決めている公的機関です。中央銀
行はおカネの量を増やしたり減らしたりすることで世
の中の動きに影響を与えようとします。これが金融政

切り抜き② 日本経済新聞 2009年4月11日朝刊1面

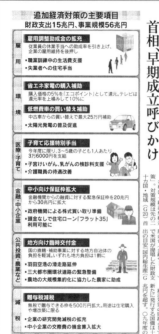

切り抜き③　日本経済新聞 2008 年 12 月 19 日夕刊 1 面

日銀、0.2％利下げ

CPを買い取り、国債購入も増額

誘導目標0.1％に

日銀の政策金利

金融政策決定会合のための日銀本店に入る白川総裁（19日午前）＝八代英樹

日銀は十九日の金融政策決定会合で、政策金利を年〇・三％から〇・一％に引き下げることを決めた。利下げは十月三十一日以来、約二カ月ぶり。同時にコマーシャルペーパー（CP）の買い取りや長期国債の買い入れ増額を決めた。資金供給の拡充策を実行に危機感を強め、景気の下支えに向けて金融政策面での対応をさらに強化する必要があると判断した。米連邦準備理事会（FRB）が事実上のゼロ金利に踏み込んだことも、日銀の決断を後押ししたとみられる。

景気判断　悪化に下方修正

今回の利下げは、補完貸付制度の基準金利を含む八人の政策委員のうち賛成七人、反対一人で決めた。日銀が当座預金に付利下げと同時に、日銀が預ける金利は〇・一％となる。

日銀は決定会合後の公表文で、金融機関や企業の資金繰り不安を抑えるため、追加的な資金供給策を決定した。企業が短期資金の調達に使うCPの買い取りを時限的に実施することも明らかにした。

日銀内では十月の利下げの効果を見極めるべきだとの声もあったが、産業界や金融機関からの要望が相次ぎ、金融危機の影響で企業の資金繰りが悪化していることなどから、追加緩和に踏み切った。総裁、副総裁を含む一兆二千億円から一兆四千億円に増やす。

一兆四千億円に増やす。金融機関がこれまでよりも積極的に長期国債の買い入れも、現状の月額一兆二千億円から一兆四千億円に増やす。

午後に白川総裁が記者会見し、金融政策や経済・物価情勢などを説明する。

日銀は十五日発表した企業短期経済観測調査（短観）で企業の景況感が大幅に悪化するとともに、設備・雇用に対する過剰感が強まり、景気の下支えに向けた大量の資金を供給する強力な政策を採用し、日本経済で異例の政策に踏み出した。需給面から物価が下落する可能性がある。十六日にはFRBが政策金利を〇・〇〜〇・二五％に急速に円高・ドル安が進展し、一時約十三年ぶりの円高水準をつける場面もあるなど、日本経済や市場に大量の資金を供給する強力な政策を採用し、日本経済で異例の政策に踏み出した。米国の政策金利の一段の低下が見込まれるなか、需給面から物価が下落する可能性がある。

策です。記事では日銀がリーマン・ショック対策として「利下げ」つまり利子率を下げる政策を行うことにしたと報じています。

　こういう記事の背後には、日銀が利子率をコントロールする力を持っていること、そして利子率を下げるのは景気によいことだという理解があるようです。これはどうしてなのでしょうか。特に、利下げは預金者には評判が悪い政策です。一所懸命働いて、できる限り貯金をして、引退したおじいさん・おばあさんの身にもなってあげてください。ですからこれが世の中のためになるというのはちょっと不思議ですね。この問題もこの本で考えていきたいと思います。

　それではまず、第1章ではGDPとは何なのかというところから話を始めたいと思います。

やさしいマクロ経済学　目次

プロローグ　この本で何を学ぶのか　3

第1章　マクロ経済学の主役たち　21

1　経済活動の尺度：GDPとは　22

GDPは何を測ろうとしているか　22
まんじゅうとだんごをどうやって足すのか?　23
モノの値段の影響を取り除く　25
円表示されるけれども……　27
名目と実質という言葉の違い　29
サービスも含まれる　29
中間生産物の取り扱い　30
市場で取引するものだけが含まれる　31
日本のGDPの推移　32
成長率という用語について　33

2　GDPの中身はどうなっているか　34

三面等価の原則　34
恒等式とは?　35
総支出の中身を見てみよう　36
日本のGDPの内訳　42

3　GDPと関連する用語　43

4 労働に関係する用語 45

5 物価水準に関する指標 47

COLUMN 宇宙からGDPを測る 51

COLUMN スーパーのレジから物価の動きを知る 52

第2章
GDPはどのように決まるのか 53

1 短期には需要が大事 54

   需要と供給 54
   ミクロ経済学とマクロ経済学：考え方の違い 55
   短期とは 55
   価格はそうそうすぐには動かない 56
   なぜ需要が大事か 57
   総需要の4項目 59

2 家計の消費需要 59

   可処分所得と消費 59
   家計の所得とは 60
   ケインズ型消費関数 61
   限界消費性向 62
   限界消費性向はなぜ1より小さいのか 62
   ケインズ型消費関数の図解 63

3 企業の投資需要 64

4 政府支出と租税 65

5 純輸出需要 65

6 まとめると 67

7 総生産の決まり方、図解 68

「YはDで決まる」──45度線 68
「DはYで決まる」──DD線 69
DD線の傾きは1より小さく描く 70
45度線とDD線の交点でGDPは決定される 71

第3章
景気がよくなるとき、悪くなるとき 73

1 財政政策①
　　──政府の力で景気をよくできるのか? 74

財政政策とは 74
図による分析 75
政府支出増は景気をよくする 77
財政政策は魔法の杖?! 78
魔法の種明かし 78
終わりのない物語 80
財政の「乗数効果」 81
限界消費性向の役割 81

2 財政政策②
　　──減税はなぜ景気を刺激するのか? 82

減税と可処分所得 82
2つの前提 83
減税は景気をよくする 84
政府支出増と減税の効果比較 86
減税乗数 87

3 消費需要の変動要因 87

家計の将来予想で消費が変わる 87

資産価格の予想 88
家計の年齢構成と消費 89
不確実性と消費への影響 90
消費を動かす心理的要因 91

4 投資需要の変動要因 92

企業の利潤動機 92
例による説明 92
投資によるもうけの決定要因①
——生産財価格の将来予想 95
投資によるもうけの決定要因②
——日々の生産費用 95
投資の費用の決定要因①
——機械の購入時の価格 96
投資の費用の決定要因②
——機械の売却時（将来）の価格 96
投資の費用の決定要因③
——その他の要因 97
アニマル・スピリット 97

5 純輸出需要の変動要因 98

数量要因 98
価格要因 99

6 総生産に対する効果：図による説明 101

COLUMN リーマン・ショックと日本経済 100
COLUMN 建築基準法改正と住宅投資 102

第4章
日銀が行う景気対策——金融政策のからくり 105

1　企業の投資需要と利子率 106

　　利子率は投資の費用を決める要因の1つ 106
　　投資需要は利子率の減少関数 107
　　大事なのは利子率そのものか? 109

2　「おカネで測った利子率」対
　　「モノで測った利子率」 111

3　投資関数の定義 112

4　マネーストックとマネタリーベース 114

　　現金だけが貨幣ではない 114
　　マネーストック 115
　　マネタリーベース 116
　　中央銀行はマネタリーベースをコントロールする
　　117
　　信用創造過程 117
　　マネタリーベースからマネーストックへ 118

5　おカネの量と名目利子率の関係 119

　　おカネの需要 119
　　利子率と貨幣需要 120
　　中央銀行による利子率操作 122

6　利下げ政策 122

7　利下げが総生産に与える影響 123

　　利下げと投資需要 123
　　利下げと総生産 125

8　その他の金融要因と総生産の変動 126

9　利子率の下限と非伝統的金融政策 128

利子率には下限がある 128
コールレートとその下限 128
下限にはりついた日本の利子率 129
伝統的金融政策の限界 130
非伝統的金融政策① ―― 量的緩和 131
非伝統的金融政策② ―― マイナス金利 132

COLUMN 銀行危機（1997〜98年）と中小企業 134

COLUMN 中央銀行仮想通貨 136

第5章　円安・円高と景気の波　137

1　モノの取引と為替レート 138

為替レートとは 138
円高・円安とは 140
為替と財の取引 140
円安の主な恩恵は輸出側に 143
円安の主な不利益は輸入側に 144
輸入企業の国内ライバルは円安だと助かる 144
円安で最も困ること 145
為替とサービスの取引 145

2　資産の取引と為替レート 146

為替レートの2つの顔 146
為替変動と外国資産の取引 147
為替差損と為替差益 148

3　為替レートの落ち着き先の決まり方 149

裁定取引とは 149
モノの裁定取引は値段を均等化する 150
購買力平価説 151

4　いまの為替レートの決まり方 152

長期の為替レートから短期の為替レートへ 152
資産の裁定取引：例による説明 153
短期の為替レートの決まり方 155
なぜこうなるのか 157

5　自国の金融政策と為替レート 158

日本の利子率が上がると円高になる 158
円の需要が増えるからくり 159
日本の金融政策と為替レート 160

6　外国の金融政策と為替レート 160

米国の利子率が上がると円安になる 160
円安になる原理 161
外国の金融政策と為替レート 161

7　将来予想も大事 162

「円安は待ってくれない」 163

8　為替レートを決める要因 164

インフレ率と景気 164
将来予想はどういうときに変わるか 165

9　その他の要因 166

流動性プレミアム 167
貸し倒れリスクプレミアム 168
変動リスクプレミアム 168
危機リスクプレミアム 169

10　金融政策と純輸出・景気 169

金融政策は為替レートを通じて景気に影響する 170
その他の要因による為替変動も国内景気に影響する 170

COLUMN　セーフ・ヘイブン通貨と円高不況 172
COLUMN　バーナンキ議長の議会証言と為替レート 174

第6章
景気の波を超えて──行きつく先の経済の姿 175

1 値上げか据え置きか? 迷う企業の胸のうち 176

　企業の価格決定 176
　チャンスはなかなかめぐってこない 176
　企業にとって「通常」の状態とは 177
　企業の生産調整 178
　足元の生産コスト 179
　将来の生産コスト 180
　現在のコストだけが高くなった場合 181
　将来のコストも変化する場合 182

2 インフレ率の決まり方 185

　ミクロの価格付けからマクロのインフレ率へ 185
　インフレ率の決定要因①
　　──現在の総需要 186
　インフレ率の決定要因②
　　──現在の原材料価格など 187
　よいインフレ、悪いインフレ 188
　厄介なコスト・プッシュ・インフレ 188
　インフレ率の決定要因③
　　──企業の先行き見通し 189
　インフレ率の決定要因:まとめ 190
　インフレ理論の歴史 191
　インフレ理論、式による説明 193
　インフレ理論、図による説明 196

3 たどりついた先の経済の姿 198

　好景気とインフレの次に来るもの 198
　カギは中央銀行の対応 198
　利上げに対する民間経済の反応 199
　行きついた先:総生産 199
　行きついた先:実質利子率 200

行きついた先：金融政策の役割 201
行きついた先：名目変数、ケース①
　　　──中央銀行が名目利子率を
　　　　　　ターゲットとする場合 202
行きついた先：名目変数、ケース②
　　　──中央銀行がインフレ率を
　　　　　　ターゲットとする場合 203

4　経済がこわれてしまう可能性①
──金融政策の失敗 204

金融政策の役割 205
たどりつけない場合 206
たどりつくには 206

5　経済がこわれてしまう可能性②
──財政政策の失敗 207

財政政策は打ち出の小槌か? 207
財政政策が直面する制約 208
たどりつけない場合 209
たどりつくには 209

COLUMN　ガリガリ君「事件」 211
COLUMN　経済がこわれかけた例：
　　　　　米国、1970〜80年代初 212
COLUMN　経済がこわれてしまった例：
　　　　　ハイパーインフレーションの歴史 214

エピローグ
　大航海への船出を飾った皆さんへ 216

さらに学びたい皆さんへ 218
索引 221

第 1 章 マクロ経済学の
主役たち

プロローグの切り抜き①に出てきた GDP とはいったいどんなものなのでしょうか。役所のホームページなどで調べても、漢字の専門用語がたくさん出てきて目がチカチカしてしまうかもしれません。ここでは細かい定義にこだわるよりもその大まかなイメージを、簡単な例をまじえながら伝えるようにしたいと思います。

1　経済活動の尺度：GDPとは

GDPは何を測ろうとしているか

　GDP（Gross Domestic Product）はマクロ経済学で一番よくお目にかかる単語かもしれません。日本語では「**国内総生産**」と訳されています。この本では、これを簡単に「**総生産**」と呼ぶことにします。大ざっぱなイメージをつかむために思い切って、1種類の財しかない国を考えてみましょう。なお、**財**とは独特の響きを持つ経済学用語ですが、要するに「商品」のことです。この財をまんじゅうと呼ぶことにします。この国の総生産は、1年間に国内でどれだけのまんじゅうが生産されたか、その個数で測ることができます。たとえばこの国の企業（まんじゅう屋）が 2018 年に全部で 100 個のまんじゅうを生産したのであれば、その年の総生産は 100（個）になります。つまり、

第 1 章　マクロ経済学の主役たち　23

> 総生産の定義、バージョン 1　ある国の中で、ある
> 一定期間内に、新たに生産された財の量

　ここでポイントとなるのが、「新たに」という一言
です。つまり総生産には、この 1 年が始まる前から存
在していたものは入りません。仮にこの国が 2017 年
にまんじゅうを大量生産して、あとで食べるために
1000 個も倉庫に残しておいたとしましょう。でもそ
れに満足して 2018 年には 1 個もまんじゅうを作らな
かったとしたら、その年の総生産はゼロなのです。総
生産とは確かにある種の豊かさの指標なのですが、あ
る国が「どのくらいモノ持ちか」という指標ではない
ということに注意してください。

まんじゅうとだんごをどうやって足すのか?

　さて、実際の世の中では、私たちはまんじゅうだけ
を食べて生きているのではありません。ほかにもだん
ごやギョウザやしゅうまいなど、いろいろと必要とし
ています。そこでここでは、財が 2 種類以上あるとき
に、それらの生産量をどう足し合わせるのかという問
題を考えてみたいと思います。

　ここにダイヤモンド(以下、ダイヤ)とまんじゅう
の 2 種類を生産する A 国と B 国があったとしましょ
う。A 国はダイヤを 99 個、まんじゅうを 1 個生産し
ました。B 国はダイヤを 1 個、まんじゅうを 99 個生

産しました。単純に「個」を単位として足し合わせるのであれば、どちらも100個のモノを生産していますから、総生産は同じということになってしまいます。

　しかしそれには多くの人が違和感を覚えると思います。それはダイヤのほうが1個あたりの価値がずっと高いと多くの人が思っているからです。つまりモノによって1単位当たりの価値は異なるのです。

　ではまんじゅうに比べてダイヤの価値はどのくらい高いのでしょうか。それは人によって意見が違うと思います。そこでここでは、ダイヤとまんじゅうの価値をその1個当たりの価格、つまり市場で評価された価値で代表させることを考えてみましょう。次のような計算を考えます。まずそれぞれの1個当たり価格（単位は円）をその生産量（単位は個）にかけ合わせます。するとその財の生産額が求められます（単位はやはり円です）。すべての財について同じ計算をして、合計を取ったのが「**名目総生産**」と呼ばれるものです。例として2018年を取るなら、

名目総生産の算出方法
想定：世の中には財はダイヤとまんじゅうの2種類
　　　しかない

$$
\begin{aligned}
&（2018 \text{年の名目総生産}）\\
&=\begin{pmatrix}\text{ダイヤ1個の}\\\text{2018年における}\\\text{価格（円）}\end{pmatrix}\times\begin{pmatrix}\text{2018年に}\\\text{おけるダイヤの}\\\text{生産量（個）}\end{pmatrix}\\
&\quad+\begin{pmatrix}\text{まんじゅう1個の}\\\text{2018年における}\\\text{価格（円）}\end{pmatrix}\times\begin{pmatrix}\text{2018年における}\\\text{まんじゅうの}\\\text{生産量（個）}\end{pmatrix}
\end{aligned}
$$

となります。こうして、ダイヤのほうがまんじゅうよりもずっと1個当たりの価値が高いということを反映した指標が出来上がりました。

モノの値段の影響を取り除く

ただ、上で定義した名目総生産には1つ大きな問題があります。それはこの指標が数量だけでなく価格の変化も反映してしまうことです。

たとえば2018年から2019年にかけて、ダイヤとまんじゅうの価格が両方とも2倍になったとしましょう。一方、生産量はどちらの財もまったく変化がなかったとします。すると名目総生産は2倍になってしまいます。これでは総生産の尺度としては失格です。

そこで編み出されたのが「**実質総生産**」です。その計算のためにはまず「**基準年**」を選んで固定します。そして先ほどと同じような計算を、毎年の価格の代わりに基準年の価格を使って行うのです。基準年はどの

年でもいいのですが、仮に2015年であるとしましょう。すると2018年と2019年の実質総生産は、それぞれ次のように計算されます。

実質総生産の算出方法

想定①：世の中には財はダイヤとまんじゅうの2種
　　　　類しかない

想定②：基準年は2015年

（2018年の実質総生産）

$$= \begin{pmatrix} ダイヤ1個の \\ 2015年における \\ 価格（円） \end{pmatrix} \times \begin{pmatrix} 2018年における \\ ダイヤの \\ 生産量（個） \end{pmatrix}$$

$$+ \begin{pmatrix} まんじゅう1個の \\ 2015年における \\ 価格（円） \end{pmatrix} \times \begin{pmatrix} 2018年における \\ まんじゅうの \\ 生産量（個） \end{pmatrix}$$

（2019年の実質総生産）

$$= \begin{pmatrix} ダイヤ1個の \\ 2015年における \\ 価格（円） \end{pmatrix} \times \begin{pmatrix} 2019年における \\ ダイヤの \\ 生産量（個） \end{pmatrix}$$

$$+ \begin{pmatrix} まんじゅう1個の \\ 2015年における \\ 価格（円） \end{pmatrix} \times \begin{pmatrix} 2019年における \\ まんじゅうの \\ 生産量（個） \end{pmatrix}$$

このように計算すれば、先ほどのように2018年から

2019 年にかけて価格がすべて 2 倍になったとしても、影響を受ける心配はありません。

このように、実質総生産は、総生産の指標としては、名目総生産よりも適切といえます。そこで今後ただ「総生産」といったら、実質総生産のことだと思ってください。

円表示されるけれども……

以上のように、実質総生産とはさまざまな財の生産量に、それぞれある固定ウェイトを掛けたうえで、足し合わせたものです。いわばいろいろな財の生産量の加重和です。ウェイトとして、それぞれの基準年における価格を使っています。価格が円表示されるので、それを使って算出される実質総生産も結果として円表示されることになります。ただ、それはいわば「たまたま」であって、実質総生産とはあくまでモノの量の指標なのだということ、おカネの話をしているのではないのだということをぜひ感じ取ってほしいと思います。

〈計算例〉

たとえば基準年（先ほどの例では 2015 年）におけるダイヤが 1 個 100 万円、まんじゅうが 1 個 100 円だったとしましょう。C 国は 2018 年にダイヤを 10 個、まんじゅうを 10 万個生産しました。これが 2019 年に

はそれぞれ 11 個と 11 万個になっていました。これら
を先ほどの定義式に当てはめると、実質総生産は
2018 年が 1000 万円 + 1000 万円 = 2000 万円、2019 年
が 1100 万円 + 1100 万円 = 2200 万円です。1 年間で
10％成長しています。

　次に、「基準年におけるまんじゅうで表示された実
質総生産」（!）という新たな概念を考えてみましょ
う。基準年においてはダイヤ 1 個の価格はまんじゅう
1 個の価格の 1 万倍です。つまり「1 ダイヤ＝1 万まん
じゅう」が成立しています。ですから、基準年におけ
るダイヤ 1 個のまんじゅう表示の価格は 1 万（まんじ
ゅう）です。一方、まんじゅう 1 個のまんじゅう表示
の価格はもちろん 1（まんじゅう）です。これらの価
格を使って実質総生産の計算をやり直すと、2018 年
が 20 万まんじゅう、2019 年が 22 万まんじゅうとな
ります。

　このまんじゅう表示の 2 つの数値、20 万と 22 万を
さっきの円表示の 2 つの数値、2000 万と 2200 万と比
べてみましょう。要するに、まんじゅう表示の数値は
円表示の数値を 100 で割っただけのものであることが
わかります（ちなみにこの比を表す 100 というのは基
準年におけるまんじゅうの円表示での価格です）。こ
の 1 年間の成長率も 10％で、円表示でもまんじゅう
表示でも変わりません。

　このように、実際のデータで実質総生産の単位とし

て円が選択されているのは、みんなが円表示に慣れているから、という程度の理由によります。本当のところ、単位はまんじゅうでもダイヤでも、何も本質は変わらないのです。

名目と実質という言葉の違い

「**名目**」と「**実質**」という言葉はこれから先、この本で何回も出てくることになります。「名目○○」という用語が出てきたらそれはおカネで測った、つまり「貨幣単位で表示された」○○という意味だと思ってください。いっぽう、「実質○○」という用語が出てきたらそれはモノで測った、つまり「財単位で表示された」○○と解釈してください。たとえば実質GDPの場合、統計上は確かに円表示されてはいますが、いましがた見たようにそこは本質的ではありません。あくまで本来は、生産されたモノの量を測ろうとして考案された指標なのです。

サービスも含まれる

ここまでの例では「財」だけを取り上げてきました。現実の経済活動で生産されるのはそうした形あるものだけではありません。たとえば理髪店での散髪、運送会社による宅配、鉄道会社による運送、スーパーがモノを仕入れてお客さんに売る行為、弁護士が顧客を弁護する活動などが挙げられます。経済学ではこれ

らをすべて一括して「**サービス**」と呼んでいます。これらも総生産に含まれます。ここまで学んできたことを総合すると、総生産の定義はバージョン1の非常に大ざっぱなものから次のようにより厳密化することができます。

総生産の定義、バージョン2　ある国の中で、ある一定期間内に、新たに生産された財・サービスの量の加重和（ウェイトは基準年における価格）

中間生産物の取り扱い

　さて上の例ではあたかもまんじゅう屋は真空から忽然とまんじゅうを生み出すマジックを持っているかのような前提で話をしてきました。しかし実際には、まんじゅうはいくつかの工程を経て生産されています。ここではあまり話を複雑にしないために、まず農家が小麦を作り、次にまんじゅう屋がそれをもとにまんじゅうを作ると考えることにします。小麦は農家が真空から魔法の杖で作り出します。ある年の生産量を基準年の価格を用いて評価すると、小麦が1億円で、まんじゅうが2億円でした。

　このとき、総生産を1億円＋2億円＝3億円としてしまっていいでしょうか？　そのような算出方法の問題点は、小麦をダブルカウントしていることになってしまうことです。なぜなら2億円のまんじゅうの中に

1億円の小麦が潜んで（?）いるからです。この問題を避けるため、総生産を算出する際には、最終生産物（この場合にはまんじゅう）だけをカウントすることにしています。つまりこの例ですと総生産はまんじゅうの生産量である2億円となります（あるいは、各工程で生み出された付加価値の合計を取っているといっても同じことです）。

市場で取引するものだけが含まれる

以上がマクロ経済学者が考える総生産です。実際にこれを計測するうえでは、売り買いされるモノでなければ統計の取りようがないという問題が生じます。そこで原則としては、市場で取引されるために生産された財・サービスだけが含まれることになります。これによって家庭内で生産される家事サービスなどはカバーされないことになります。この原則にもまたいろいろと例外があるのですが、ここでは省略します。

以上を総合すると、総生産の定義はバージョン2からさらに厳密化されて、次のようになります。

総生産の定義、バージョン3　ある国の中で、ある一定期間内に、市場で取引されるために新たに生産された最終生産物（ただし生産物とは財・サービスのこと）の量の加重和（ウェイトは基準年における価格）

日本のGDPの推移

　ここまでで総生産の考え方がわかりましたので、実際の統計を見てみましょう。図表 1-1 は日本の実質GDPの推移を 1955 年度から 2017 年度にかけて図示したものです。残念ながらこれだけ長い期間を通して全く同じ基準で測った統計はなかったので、「旧系列」と「新系列」の 2 つを図示しています。この 2 つは基準年の設定が違うほか、計算の仕方にいくつかの違いがあるので、連続はしていません。それどころか、両方のデータが利用可能な期間について 2 つを比べてみると、かなり違う値を取っていることがわかります。

　1955 年以降の GDP の歴史は大きく 3 つに時代区分されます。

　第 1 は 1970 年代前半までの高度成長期です。1955年度から 1975 年度までの 20 年間で GDP は約 5 倍に急激に増えています。第 2 は 1970 年代後半から 1980年代終わりまでの安定成長期です。この期間には1980 年代後半のいわゆるバブル景気が含まれます。1975 年度から 1990 年度までの 15 年間で GDP はほぼ1.8 倍になっています。そして、1990 年代初頭のいわゆるバブル崩壊から、第 3 の時代である停滞期、時に「失われた 20 年」と呼ばれる（そろそろ 30 年に近くなってきましたが）時期が始まります。この期間中にはプロローグの切り抜きで見たリーマン・ショックが起こっています。グラフ上で新系列と呼んでいるデー

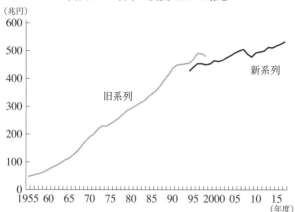

図表 1-1　日本の実質 GDP の推移

［出所］内閣府経済社会総合研究所 WEB サイト掲載データをもとに筆者作成

タが利用可能になった 1994 年度をスタート地点とすると、2017 年度までの 23 年間で、GDP は約 1.25 倍にしか増えませんでした。

成長率という用語について

ここで、よく耳にする「**成長率**」という言葉について触れておきたいと思います。この用語は「増加率」、「上昇率」、「変化率」などという言い方もしますが、すべて同じことです。たとえば 2018 年から 2019 年にかけての GDP の成長率は次のように計算されます。

$$\frac{(2019 \text{年の} GDP) - (2018 \text{年の} GDP)}{(2018 \text{年の} GDP)}$$

　つまりある年から次の年にかけてある変数がどのくらい増えたか（変化幅）を求めて、それをもとの水準で割って「率」に直したのが成長率です。ここではGDPを例に挙げましたが、数量とか価格を表すどんな変数でも同じような計算を当てはめることができます。

　ただ、第3章から登場する利子率のようにすでに「率」になっているものについては、さらにその成長率を計算することは行われていないようです。またさらに細かいことを言えば、上の計算が意味を持つのは常にプラスの値を取る変数の場合だけです。ただマクロ経済学に出てくる変数はほとんどがそうなので（例外はあとで出てくる在庫投資くらいです）、あまり気にしなくて大丈夫です。

2　GDPの中身はどうなっているか

三面等価の原則

　さて、次のような取引を考えてみましょう。「まんじゅう屋が1個100円（基準年において）するまんじゅうを1個生産して、これを道行くサラリーマンに売った」。この取引においては、100円分の「生産」が

行われています。それを売ることでまんじゅう屋に100円分の「所得」が発生しています。そしてそれを支払ったサラリーマンが100円分の「支出」を行っています。このように、1つの取引を巡って発生する生産・所得・支出は常に等しくなります。

　ということは、ある国の中で同じような取引がたとえ何百万回起こっていたとしても同じことが言えるはずです。生産の合計を総生産と呼ぶことはすでに学びましたね。同じように、所得の合計を**総所得**、支出の合計を**総支出**と呼びます。これまでの議論からわかるように、これら3つは必ず等しくなります。このような関係を「**三面等価の原則**」と呼びます。とても大事な決まりなので、行を変えて強調して書いておきましょう。

三面等価の原則
総生産＝総所得＝総支出

　大切なのは、この三面等価の原則が「恒等式」であることを覚えておくことです。急にそう言われてもわからないと思うので、次にこの言葉を説明させてください。

恒等式とは?

　恒等式とは等式の一種ではあるのですが、ただの等

式と違うのはそれが、左辺に出てくるものと右辺に入っているものが、それら自身の定義によって「常に」等しいということを意味していることです。世にある恒等式の中で比較的多くの皆さんになじみがあるのは複式簿記で、貸方の合計と借方の合計が常に一致する、という関係ではないかと思います。あの関係が成立するのも、常にそうなるように計算の仕方が決められているからです。一致するのに特別な条件が必要なわけではないですし、一致するからといって会社の業績や先行きに特別な意味があるわけではありません。「あの会社は有望だ、貸方が借方を1億円も上回ってる！」などということはあり得ないわけです。

　三面等価の原則も同じです。総生産と総支出は常に一致するように計算の仕方が定められているだけで、一致しているということ自体が経済の状態について何か意味を持つわけではありません。モノについて「結果として生産された個数」と「結果として買われた個数」が一致したからと言って、売り手が「本当は生産したかった個数」と買い手が「本当は買いたかった個数」が同じだったとは限らないのです。

総支出の中身を見てみよう

　とはいえ、総生産は総支出でもある、という関係は便利です。なぜならそれは、総生産＝総支出の中身を「誰がどういう用途のために買ったか」という観点か

第1章　マクロ経済学の主役たち　　37

図表 1-2　総生産＝総支出とそのうちわけ

	英語表記	記号
総生産 ＝総支出	Aggregate Output ＝Aggregate Expenditure	Y
（民間）消費	（Private）Consumption	C
（民間）投資	（Private）Investment	I
政府支出	Government Expenditure	G
純輸出	Net Export	NX

ら分解できることを意味しているからです。そこで以下では総支出の内訳を詳しく見ていくことにしましょう。

　その下準備として、1国の経済を構成する4部門について述べておきたいと思います。マクロ経済学では1つの経済を「家計」「企業」「政府」「外国」に分けて考えます。最初の3つはわかりやすいと思います。4番目に外国が入ってきているのは、米国の消費者が日本製の自動車を買ったり、日本の企業がドイツ製の機械を買ったり、といったことがあるからです。

　総支出の中身を図表1-2に掲げてあります。2列目にはそれぞれの英語表記を書きました。数式を使うときにはこれらを記号で表します。その記号が同じ表の3列目に書かれています。図表1-2にあるように、総生産すなわち総支出（Y）は次の4項目からなります。「**消費（C）**」「**投資（I）**」「**政府支出（G）**」「**純輸出（NX）**」です。あとで見るように、政府支出の中身は

政府が行う消費支出と投資支出です。なので、それら
と区別するためには消費は民間消費、投資は民間投資
と呼んだほうがいいかもしれません。しかしあまり長
い名前はだんだん面倒になってくるので、この本では
誤解のない限り、これらを単に消費、投資と呼ぶこと
にします。

　したがって、次の式が成立することになります。

$$Y = C + I + G + NX$$

　この式は今後繰り返し出てくるので、できたら早め
に覚えてほしいと思います。以下では右辺の4つの意
味を順番に説明していきます。

〈消費（C）〉
　消費とは家計による財・サービスの購入のことで
す。ただし、住宅の購入だけは除かれています。家計
によって消費される財の例としては食料品、衣料製
品、家電製品、（新品の）自家用自動車の購入などが
挙げられます。家計によるサービス購入の例としては
理髪店に行った、宅配便を送った、鉄道で旅をした、
ホテルに泊まった、レストランで食事をした、などが
挙げられます。また、私たちが賃貸のアパートやマン
ションに住むとき、これらの建物が生み出すサービス
（雨風をしのげるなど）を受けているとみなされま

す。その対価として支払っている家賃がサービス消費
に含まれます。

〈投資（*I*）〉

投資は**固定投資**と**在庫投資**に分かれます。前者の固
定投資はさらに**設備投資**と**住宅投資**に分かれます。設
備投資と在庫投資が企業の支出行動であるのに対し、
住宅投資は家計による支出です。

設備投資とは企業が新品の生産設備を購入すること
です。生産設備としては工場やオフィスで使われてい
る機械や、工場やオフィスの建物そのものを挙げるこ
とができます。住宅投資とは家計が新築の住宅を購入
することです。主にその住宅の建設にかかる工事費が
計上されます。

在庫投資とは在庫品の増減のことです。もし昨年の
暮れから今年末にかけて倉庫に保管されている在庫品
の数が増えていれば、企業はプラスの在庫投資をした
ことになります。減っていれば、マイナスの在庫投資
をしたことになります。

なお、この「投資」という用語ですが、GDP 統計
におけるそれは世間一般で使われているよりもずっと
意味が狭いことに注意が必要です。例えば週刊誌など
では「株式投資」や「債券投資」、「土地投資」につい
て熱心に語られています。このうち株式と債券はいわ
ばただの紙切れ（金融商品）で、今年新たに生産され

た財ではありません。したがって GDP 統計にこれら
の居場所はありません。ですから GDP 統計で言うと
ころの投資には、もちろん入りません。土地について
も、昔からあるもので、今年新たに生産された財では
ありませんから、それに対しておカネを払う人が増え
たからと言って GDP 統計に変化は生じません。

〈政府支出（G）〉
　政府支出は政府が財・サービスを購入することです
が、その中身は**政府消費**と**公的投資**に分かれます。
　政府消費は政府が行う消費的な支出のことで、たと
えば政府が民間に無償で提供するサービスが挙げられ
ます。これはおカネのやり取りを伴わないので「市場
で取引される財・サービス」を対象にするという
GDP 統計の原則からは外れるのですが、政府が自分
自身からサービスを購入して国民に提供した、という
見方をとって GDP 統計に含めています。公的投資と
はいわゆる公共事業のことで、政府が道路・橋・ダム
などを作ることを指しています。
　一方で、政府の重要な経済活動でありながら政府支
出 G には入らないものもたくさんあります。政府が
高齢者家計に年金を払う場合を考えましょう。支払い
の起きる瞬間に注目すると、このときに新たに生産さ
れた財・サービスの消費は生じていません。同じ経済
の中でおカネが右から左へと流れているだけです。政

府が失業手当を支払う場合などについても同じことが言えます。ですから、こういったタイプの支払いは政府支出 G には含まれないことになります。

以上から、政府消費を G_C、公的投資を G_I と書くことにすると、次のような関係が成り立ちます。

$$G = G_C + G_I$$

〈純輸出（NX）〉

純輸出とは**輸出**（Exports）から**輸入**（Imports）を差し引いたものです。輸出を X、輸入を IM で表すと、

$$NX = X - IM$$

と表すことができます。輸出が総支出に含まれるのはそれが外国人による自国で生産された財・サービス（つまり Y の一部）の購入だからです。では輸入はなぜ差し引かれるのでしょうか。これは、これまで見てきた総支出の項目、つまり C、I、G の中にこの国の家計・企業・政府が購入する輸入品（全部足し合わせるとこの国の輸入になります）が入ってしまっているからです。これらは左辺の Y には含まれていませんから、これらを右辺から差し引いてやらなくてはなりません。これが最後に IM が差し引かれる理由です。

日本のGDPの内訳

ここで実際の統計をもとに、日本の GDP の内訳を見ておきましょう。図表 1-3 は日本の実質 GDP に占める各項目の割合をパーセントで表したものです。この図は 2016 年のデータに基づいていますが、どの年をとっても大まかな傾向は同じです。

図表 1-3 でもわかるように、最大の項目は消費です。これは昔も今も変わらず、どこの国でもだいたいそうなっています。この年の日本について言えば、消費 C が GDP に占める割合は約 57 パーセントでした。これに対して投資 I の割合はずっと小さく、約 19 パーセントでした。図からもわかるように設備投資のほうが住宅投資よりずっと大きくなっています。

在庫投資はこの年に限らず額が小さく、図の上で肉

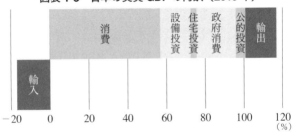

図表 1-3　日本の実質 GDP の内訳（2016 年）

[出所]　内閣府経済社会総合研究所 WEB サイト掲載データをもとに筆者作成
[注]　1 段目は GDP に算入される項目が並べられている。2 段目の輸入は控除項目、つまりマイナスの形で入る項目。1 段目全体の長さから 2 段目の長さを引くとちょうど 100 パーセントになる。なお、在庫投資は額があまりに小さかったため、図に表れていない。

眼によってその存在を確認することは難しくなっています。政府支出 G は政府消費が約 20 パーセント、公的投資が約 5 パーセントで、合わせて 25 パーセント程度です。

　ここまでですでに約 101 パーセントまでいってしまいましたね。さらに輸出 X が対 GDP 比で約 15 パーセントなのでこれを足すと約 116 パーセントになってしまいます（図中の 1 段目）。こうなるのはもちろん、控除項目としての輸入 IM があるからで、その対 GDP 比が約 16 パーセントになっています（図中の 2 段目にマイナスの数値として表されています）。これを引くとちょうど 100 パーセント、つまり GDP 全体と一致するわけです。

3　GDPと関連する用語

　ここでは GDP と深く関連する 2 つの用語を紹介します。

〈貯蓄（S）〉
　経済学用語で**貯蓄**とは一般に、所得から消費を引いたもののことを指します。これを当てはめると国全体の貯蓄（ときに総貯蓄と呼びます）は次のように定義されます。

（貯蓄）＝（総生産）－（消費）－（政府消費）

ここでは三面等価の原則より国全体の所得、つまり総所得は総生産と等しいという事実を使っています。貯蓄を英語の Saving の頭文字を取って S で表すことにすると、上の式は次のようにも書けます。

$$S = Y - C - G_C$$

なお、この式をこれまで見てきた次の2式

$$Y = C + I + G + NX、\ G = G_C + G_I$$

と合わせると次のように書くことができます。

$$S = I + G_I + NX$$

〈資本ストック（K）〉

資本ストックとはある時点で存在している資本財の総量のことです。資本財とは企業の持つ生産設備と家計の持つ住宅の総称です。つまり資本ストックとは、ある国がこれまで設備投資と住宅投資を通じて積み上げてきたもの（ただしこれらの一部は時間とともにこわれて使えなくなっていきます——これを資本減耗と呼びます——ので、その分を差し引かなくてはいけま

せんが）の現在時点での総量を指す言葉なのです。

この用語の定義で特徴的なのは、「ある時点で」というところです。これは総生産などが「ある一定期間内」（つまりある時点から別の時点までの間）に行われた経済活動の量を測るものだったのとは対照的です。経済学ではこの、総生産のようなタイプの変数を「**フロー変数**」と呼びます。これまでに出てきたY、C、I、G、NX、Sなどはすべてフロー変数です。これに対し、資本ストックのようにある一時点での存在量を測る変数を「**ストック変数**」と呼びます。

4 労働に関係する用語

ここで労働関係の用語をいくつか紹介しておきましょう。

〈失業率〉

労働関係では一番なじみのある用語だと思います。その割には、正確な定義はあまり知られていないかもしれません。まず「失業者」ですが、これは仕事をしておらず、しかも仕事を探している（けれども見つけられないでいる）人のことを指します。ですので、仕事を探していない人（引退した人、主夫・主婦、アルバイトをしない学生など）は失業者には入りません。仕事をしている人を「就業者」といい、失業者と就業

者を合わせて「**労働力**」と呼びます。失業率とは、失業者が労働力に占める比率のことです。

$$（失業率）＝（失業者）÷（労働力）$$
$$＝（失業者）÷（就業者＋失業者）$$

　なお、労働力に入らない成年の人、つまり仕事をしていないし、探してもいない人のことを「非労働力」と呼びます。

〈有効求人倍率〉
　これは日本独特の統計ですが、労働市場の現状をとてもよく反映する指標といえます。この変数は「求人数」つまり企業が何人の労働者を探しているかと、「求職数」つまり職を探している人の数の比率です。

$$（有効求人倍率）＝（求人数）÷（求職数）$$

　正確には、ハローワークに寄せられた求人数と求職数の比率のことを指しています。

〈総労働時間〉
　失業率が「働けなかった」人に関する統計であるのに対し、どのくらいの労働が実際に生産に投入されたかを測るのが「**総労働時間**」です。これはある期間内

にすべての労働者が働いた時間の合計のことを指しています。日本の統計にはこれを直接表す項目はないのですが、

$$\left(総労働時間\right) = \left(\begin{array}{c}就業者1人あたり\\平均の労働時間\end{array}\right) \times \left(就業者数\right)$$

という計算をすることで求めることができます。

5 物価水準に関する指標

〈物価水準〉

　最後にモノの値段に関する指標を見ておきましょう。

　先ほど、まんじゅうを単位とした価格という話をしましたが、現実の世の中ではもちろん、モノの値段はおカネの単位として表すことが多いわけです。日本でも財・サービスの価格は「円」を単位として表記されます。そのような財・サービスの、貨幣単位で表示された価格の平均のことを「**物価水準**」と呼びます。

> 物価水準：ある国の中で取引される財・サービスの（貨幣を単位として表された）価格の平均のこと

　これまで見てきたようにマクロ経済学ではモノを単位とした変数のことを「実質変数」、おカネを単位とした変数を「名目変数」と呼びますが、物価水準は明

らかに後者に属する「名目」の指標であるといえます。

〈GDPデフレーター〉

　ここで再び問題になってくるのが、世の中にいくつもの種類がある財・サービスの名目価格の平均をどうやって取るのかということです。いくつかの指標がありますが、ここではその１つ、GDP デフレーターを紹介しましょう。これは次のように定義されます。

（GDP デフレーター）＝（名目 GDP）÷（実質 GDP）

　先ほど見たように、名目 GDP は数量だけでなく価格の動きも反映してしまう指標です。それに対し実質 GDP は数量の動きだけを反映する指標です。ですから両者の比を取ることで、価格の動きを表す指標を作り出すことができるのです。

〈インフレ率（物価上昇率）〉

　インフレ率とはこのように定義された物価水準の上昇率のことを指します。これが正のとき、つまり物価水準が時間とともに上昇しているとき、その国は「インフレ」であるといいます。下降しているときには「デフレ」と言います。

　図表 1-4 は日本の GDP デフレーターの前年比上昇

第1章 マクロ経済学の主役たち　49

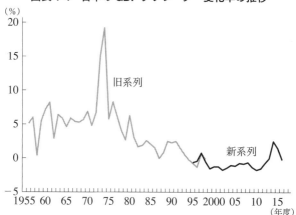

図表 1-4　日本の GDP デフレーター変化率の推移

［出所］内閣府経済社会総合研究所 WEB サイト掲載データをもとに筆者作成

率で測られた日本のインフレ率の推移を示しています。図表 1-1 と同じように、計算の仕方が異なる新旧 2 つの系列が混在しています。

この図から 1950 年代後半から 1980 年代初めにかけての日本のインフレ率は最近に比べるとやや高かったことがわかります。特に 1973 年度から 1974 年度にかけては激しいインフレが記録されていますが、これが第 1 次オイルショックと呼ばれる時期に当たります。その後インフレ率は少しずつ低下し、1995 年度からは（消費税引き上げの影響を受けた 1997 年度と 2014 年度を除けば）ほぼ一貫してマイナスになっています。つまりデフレが生じたわけです。この図は

2016年度で終わっていますが、最近はようやくインフレ率がプラスに転じる気配を見せています。この傾向が定着するかどうか、注目されます。

COLUMN

宇宙から GDP を測る

本文の説明から、実際に GDP を計測するのがいかに大変な作業か、何となく想像がつくのではないかと思います。何しろ国の中で生産される財・サービスを全部調べ上げなくてはならないわけですから、先進国でも決して簡単なことではありませんし、予算や人材に限りがある途上国ではなおさらです。そのため、時として、主に途上国の政府によって公表された GDP の数値が不正確なのではないかという疑いがもたれることがあります。

しかし最近の技術進歩のおかげで、生産活動の計測が飛躍的に向上する可能性があります。米国の研究者であるヘンダーソンらによる共同研究では、人工衛星が撮影した画像に写りこむ夜間の光の強さを利用しています。日が暮れて外が暗くなってくると、人々が豊かであればあるほど、おカネの心配をあまりせずに部屋の明かりをつけるでしょう。ですから、そういう国では住む家から夜間に発せられる照明の光は強くなるでしょう。また経済活動が盛んになるほど、工場や道路を行く自動車から出る光の量は多くなるでしょう。韓国と北朝鮮を比べると、人工衛星から見える夜の景色はより豊かな韓国のほうがはるかに明るいことは、比較的よく知られていると思います。

最近では人工衛星の小型化によって、得られる映像や情報の量が劇的に増えています。こうした情報源を公式統計と組み合わせることで、一国の経済の状態をより正確に、しかもより早く知ることができるようになるのではないかと期待されています。

（参考文献）Henderson, J. V., Storeygard, A., and Weil, D. N. (2012). Measuring Economic Growth from Outer Space. *American Economic Review*, 102(2): 994–1028.

COLUMN

スーパーのレジから物価の動きを知る

技術進歩がデータ収集の在り方を大きく変える可能性があるのは GDP だけではありません。物価水準の計測もこれまでは非常に時間と手間がかかるものでした。たとえば比較的速報性の高い物価統計に消費者物価指数があります。これなども調査員が毎月いろいろな店舗を回って行う価格の聞き取り調査がもとになるので、その労力には本当に頭が下がります。

その一方で、スーパーなどのレジには価格に関する膨大なデータが日々、いや毎秒ごとに記録されています。レジ係の人が商品のバーコードを読み取って「ピッ」という音がするたびに、新たな価格データが追加されているのです。これを利用しない手はありません。

こうしたデータに基づく新しい統計の一つに「日経 CPINow」があります。これは約 800 店のスーパーから得られたデータをもとに作成された物価指標です。その最大の特徴は毎「日」の数値を、それもその 2 日後という早い段階で公表していることです。

もう一つ、一橋大学が WEB サイトで公表している「SRI 一橋大学消費者購買指数」という統計の中に「週次消費者購買単価指数」というものがあります。これは週次のデータではありますが、スーパーだけでなくコンビニ、ドラッグストア、大型小売店を含む約 4000 店からデータを得ています。

このように、すべての財・サービスとは言えませんが、多くの商品について迅速に価格情報を手に入れることが可能になりつつあります。こうした動きは統計作成だけでなく、経済政策の在り方にまで影響していく可能性があります。

第2章 **GDPはどのように決まるのか**

1 短期には需要が大事

需要と供給

第1章ではGDPとはどういうものかを説明しました。第2章では、このGDP、つまり総生産がどのように決まるのかを解説します。

経済学にはいくつか、それがなくては何も語れないような、本質的なキーワードがあります。その1つが「市場」です。「いちば」でなくて「しじょう」と読みます。市場とはモノの売り買いが行われる場所のことです。ただこれは、具体的な場所（築地とか豊洲とか）でもネット上のサイト（ヤフオクとか楽天市場とか）でもありません。あくまで想像上の産物です。私たち経済学者は、モノの買い手と売り手がいっせいに出会う場所があたかもあるかのように空想して、ものごとを考えるのです。

市場には「**需要**」と「**供給**」があります。需要とはモノをどれだけ「買いたい」かという買い手の願望の表れです。ひとりひとりの買い手は価格を見ながら、「この価格だったら○○個ほしいなあ」という気持ちを抱いています。この量を買い手全員について足し合わせたのが需要なのです。同じように、「供給」とは売り手がものをどれだけ「売りたい」か、その量の合計です。

ミクロ経済学とマクロ経済学：考え方の違い

　このように需要と供給は願望を表しているにすぎません。ですから、実際に取引される量がそのどちらか、あるいは両方と等しいとは限らないはずです。

　この本がミクロ経済学の本だったら、ここで「**価格**」という、もうひとつの超・重要用語が派手なテーマ曲とともに登場するところです。実は市場のまん中にはセリ人と呼ばれるひとがいます。その仕事は価格を動かすことです。需要のほうが多すぎたら価格を上げます。そうすると需要がだんだん小さくなります。これを需要と供給が等しくなるまで続けます。こうして実際の取引量が決まるのです。もし供給のほうが多かったら、逆に価格を引き下げることになります。

　そういった世界では、取引量は需要だけ、あるいは供給だけで決まるものではありません。セリ人は需要と供給の両方を見ながら価格を決めているのですから、買い手側と売り手側、両方の願望の強さがその決定に影響します。

　でもこの本はマクロ経済学の本です。マクロ経済学では需要が取引量を決めると考えます。いやその言い方はちょっと不正確です。マクロ経済学では「短期的には」需要が取引量を決めると仮定するのです。

短期とは

　この**短期**とかその反対の**長期**というのは経済学の本

が大好きな言葉ですが、本によって、てんでばらばらの意味で使われていますから、注意してください。マクロ経済学の本で短期というのは「価格が動かないあいだ」とか「価格による調整が完了しない期間」という意味です。

つまりマクロ経済学では価格はそうそうすぐには動かないものだ、と考えます（経済学部の科目としてマクロ経済学はメジャーなわりには、考え方のうえでは経済学の中ではちょっと異質といえるかもしれません）。なぜそんなことをするのでしょうか。一つにはそう考えることによっていろいろなものごとがよりうまく説明できることです（これからこの本を通じてじっくり見ていくように）。もう一つは実際にも、価格は少しずつしか動いていないように見えることです。

価格はそうそうすぐには動かない

たとえば夜のテレビで日銀の金融政策に大きな変更があったというニュースが流れたとしましょう。

翌朝、アパート住まいの新人社員のA君はいつものように早起きしてコインランドリーに行って、ついでにコンビニで新聞を買いました。それから着替えて電車に乗り、駅の自販機でコーヒーを買ってそれを飲むことで少し目を覚まし、途中のスーパーでお昼に食べるワンコイン弁当を買って、ぎりぎりセーフで出社しました。そうしたら、すべてのものの値段が、つま

り洗濯代も新聞代も電車賃もコーヒーもお弁当も（ついでにアパートの家賃も）いっせいに値上がりしていた、というような経験は誰もしたことがないでしょう。コインランドリーの洗濯代が昨日300円だったら、夜中に誰かが忍び込んで機械を入れ替えて315円などにしない限り、すぐに価格は変わりません。昨日の新聞が1部150円だったら、今日もたいていなら150円でしょう。現実のものの値段とはそうそう動くものではないのです。

なぜ需要が大事か

ミクロ経済学で需要と供給が一致するのは、そうなるようにセリ人さんがんばって価格を動かしてくれるからでした。これに対してマクロ経済学では主に、価格が動かない短期を考えます。言ってみれば、セリ人さんが昼寝をしている間ですね。そうなるとみんなが買いたい量と売りたい量が同じになるとは限りません。よほどの偶然でもない限り一致しないと思ったほうがよいでしょう。そんなとき、取引の量はどうやって決まるのでしょうか？

すでに述べたようにマクロ経済学では、財が生産される量はそれが需要される量で決まると考えます。ある商店街に、1軒のまんじゅう屋があったとしましょう。店主のおじさんはちょうど100個のまんじゅうを作って売りたいと思っています。ここで2つのケース

を考えましょう。

　第1は需要が足りないケースです。このお店にお客が50人しかやって来なかったとしましょう。まさかお客を無理やり脅して2個ずつ買わせるわけにもいかないので、生産は50個になります。店主は早めに機械を止めて、労働者にも勤務時間を短縮することを申し渡して、さっさと店じまいすることでしょう。

　第2は需要が多すぎるケースです。同じお店に150人のお客が押し寄せたらどうでしょうか。おじさんとしては自分は100個しか作りたくないから、50人には帰れと言ってやりたいところかもしれません。でもそんなことをしたら、怒ったお客さんたちは次の日から来てくれなくなってしまうかもしれません。そこでお店としては泣く泣く、がんばって150個を作ることになるのです。

　ここで私が暗に、お店は短い期間だったら需要に合わせてがんばって供給を増やせる、と想定していることに注意してください。お店にある機械の台数や労働者の数はすぐには変えられないかもしれません。でも、機械を長時間稼働させ、労働者に残業させれば、しばらくだったらお客さんの注文に合わせて生産を増やすことはできるでしょう。それを何年も続けたら、機械が黒煙を上げて動かなくなったり、労働者が体をこわしたりしてしまうかもしれませんが……。

総需要の4項目

　マクロ経済学でそれほど大事な経済全体の需要、つまり総需要ですが、その中身は4つの項目に分けることができます。4つとは消費需要、投資需要、政府支出の需要、純輸出需要です。

　これらは明らかに、第1章で説明したGDP統計における総支出の4項目、つまり消費C、投資I、政府支出G、純輸出NXに対応したものです。こういったGDP統計上の項目はすべて、誰がどんな目的で財・サービスを「結果的に何個買ったか」を表すのでした。それに対してこれから見ていく総需要を構成する4項目は誰がどんな目的で財・サービスを「何個買いたいと思っているか」を表しています。一般には、こうした願望が結果と一致するとは限りません。ただ先ほど、企業は需要に合わせて生産を行うという仮定を置きましたので、その仮定の下では人々が「買いたい個数」がそのまま「結果的に買われた個数」になります。

　それでは総需要の4項目一つ一つを順番に見ていくことにしましょう。

2　家計の消費需要

可処分所得と消費

　家計が今月、どれだけ消費したいかを決めるとき、

一番影響力があるのは何でしょうか。それはその家計の**所得**です。所得が少なければ家計は支出をカットしようとするでしょう。所得が多ければゆとりができて、家計は消費を増やそうとするでしょう。ただ家計は所得の使い道をまるまるすべて自由に決められるわけではありません。その理由は政府が税（**租税**）という形で所得の一部を取っていってしまうからです。所得マイナス租税のことを専門用語で「**可処分所得**」と呼びます。家計は可処分所得の額を見ながら、消費を決めていくことになります。

家計の所得とは

では家計にとっての所得とは何でしょうか。個々の家計はさまざまなところからさまざまな形で所得を得ています。会社勤めのサラリーマンはその会社から賃金という形で所得を得ています。また、ある会社の株式をたくさん持っている人は、その会社がもうけを出せば配当という形で所得を得ることができます。

ここで考えたいのは、家計部門全体としての所得の合計（税引き前の）です。ここではそれがその国の総生産と同じになると考えます。第1章で、三面等価の原則というものを学びました。それによると国全体で1年間に生じた所得、つまり総所得はその年の総生産と等しくなるのでした。こうした所得ははじめは財・サービスを作って売った企業に入ってきます。そのう

ち一部は賃金という形で家計部門に支払われます。残りは利潤として企業に残りますが、それも配当という形で家計部門に支払われると考えることにしましょう。そうすると、総所得は結局すべて、家計部門に分配されることになります。ですから家計部門全体の合計所得は総生産 Y そのものになるのです。

さらに租税（英語で Tax）を T で表すことにしましょう。すると家計部門の可処分所得は記号を使うと $Y-T$ と書き表すことができます。

ケインズ型消費関数
可処分所得と消費需要の間の関係を数式で表したものとしてよく知られているのが「**ケインズ型消費関数**」と呼ばれるものです。この本でも、これを使っていくことにしましょう。

ケインズ型消費関数

$C = c(Y-T) + \overline{C}$ 、Y は総生産、
T は租税、$1 > c > 0$、$\overline{C} > 0$　　　　(2-1)

このように、ケインズ型消費関数では消費需要 C は可処分所得 $Y-T$ の1次関数として表されると仮定されています。

この式の中で右辺の最後に出てくる $\overline{C}$ は「**基礎消費**」と呼ばれています。これはたとえ可処分所得がゼ

ロでも維持したい消費の水準を表しています。生きていくために最低限必要なレベルと考えるとわかりやすいと思います。

限界消費性向

ケインズ型消費関数に出てくる小文字の c はあとで特別な意味を持ってきます。この定数には名前までついていて、「**限界消費性向**」と呼ばれています。その意味を式でなく言葉で表すと、次のように言うことができます。

限界消費性向
可処分所得が 1 単位増えたとき、消費需要が何単位増えるか

上に $1 > c > 0$ と書いてありますので、限界消費性向はプラスで 1 より小さい値をとることになります。なぜそのような仮定を置くのでしょうか。この c がプラスと想定する理由はわかりやすいと思います。「人々は所得が増えたら消費を増やすものだ」ということですね。

限界消費性向はなぜ1より小さいのか

ではこの c が 1 より小さいと考えるのはなぜでしょうか。この仮定は「人々は、所得が増えても、増えた

分すべてをまるまる消費に回すことはしないものだ」
ということ、つまり一部は貯蓄に回すという見方を表
しています。

　たとえば今年、あるお父さんがラッキーにもジャン
ボ宝くじで100万円をあてたとしましょう。よほどの
楽天家でなければ、これはたぶん臨時の、1年限りの
所得だと考えるでしょう。おそらくお父さんは100万
円を今年中にまるまる使ってしまうことはせず、一部
は自分たちの老後や子育ての費用、そして子どもの教
育費のためにとっておこうと考えるでしょう。式
（2-1）の裏にはこんな考え方があるのです。

ケインズ型消費関数の図解

　以上のようなケインズ型消費関数をグラフ化するこ
とを考えましょう。図表2-1を見てください。この図
ではよこ軸に可処分所得 $Y-T$ を、たて軸に消費 C を
取っています。そうすると、図に描かれているよう
に、式（2-1）は右上がりの直線として表すことがで
きます。たて軸の切片は可処分所得がゼロのときの消
費を表していますから、これが基礎消費 $\overline{C}$ です。い
っぽう、この直線の傾きが限界消費性向を表していま
す。ですから、この傾きは1より小さい（角度が45
度より小さい）ことがわかります。

図表 2-1　ケインズ型消費関数の図

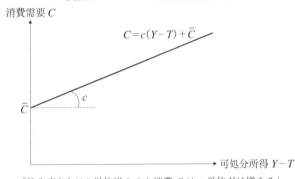

「総生産(Y)が1単位増えると消費Cはc単位だけ増える」

3　企業の投資需要

　第1章でみたように、民間の投資はおもに企業による設備投資と、家計による住宅投資からなっています。ほかに、金額としては小さいですが、企業による在庫投資があります。ここからみるモデルでは、最大項目である企業の設備投資を考えることにしましょう。住宅投資と在庫投資は、簡単化のためにゼロとみなすことにします。ですので、これ以降「投資」といったときには企業が、将来の生産に使うために、いま新しい機械を買い入れる行為をイメージしてください。

　したがって投資需要Iとは、いろいろな財・サービ

スについている価格を前提として、企業がどれだけ新しい機械（これも財の一種です）を買いたいと思っているかを表しています。ですからこれも総需要の一部となります。投資需要の決まり方については第3章と第4章で考えます。

4 政府支出と租税

3番目の需要項目が政府支出 G です。これは政府が自由に決められるものとします。なお、このモデルには政府が自由に決められる変数がもう一つ出てきます。それがケインズ型消費関数のところで出てきた租税 T です。G を決める政策と T を決める政策を合わせて、「**財政政策**」と呼びます。その役割については第3章でじっくり議論します。

5 純輸出需要

4番目の需要項目が純輸出 NX です。復習するならば、これは輸出 X－輸入 IM を意味しています。日本企業にとって輸出需要とは、外国（米国、欧州、中国など）の家計・企業・政府がどのくらい日本の財を買いたいと思っているかを表しています。例としては米国の家計がどれくらい日本の工場で作られた乗用車を買いたいと思っているか、欧州の企業がどのくらい日

本製の工作機械を買いたいと思っているか、中国の企業がどのくらい日本製の半導体を買いたいと思っているか、といったことが挙げられます。これらをすべて合計したのが輸出需要です。

いっぽう、日本の輸入需要というのは、日本の家計・企業・政府が外国の財をどれだけ買いたいと思っているか、その合計を表しています。例としては日本の家計がどのくらい欧州産ワインや中国製セーターを買いたいと思っているか、日本企業がどのくらい台湾製半導体、オーストラリアの鉄鉱石やサウジアラビアの原油を買いたいと思っているか、さらには日本政府がどのくらい米国製戦闘機を買うつもりか、といったことを挙げることができます。

このように輸出需要は日本で作られた財に対する需要ですから日本にとっての総需要の一部といえます。これに対して輸入需要とは、日本の家計・企業・政府が財の購入に使おうとする金額のうち、外国産の財に流れて行ってしまう分を意味しています。ですからその分だけ日本の生産者の立場から見ると総需要が減少したことになるのです。つまり輸出需要が日本の総需要にとってプラスであるのに対し、輸入需要はマイナスといえます。そこで両者の差を取ったものが、日本にとっての純輸出需要です。

6 まとめると

ここまで学んできたことをまとめてみましょう。

（まとめ1）「総生産は総需要で決まる」

総需要を D で表すことにすると、式に書くとこうなります。

$$Y = D \tag{2-2}$$

（まとめ2）「総需要は4つの項目、つまり消費需要・投資需要・政府支出・純輸出需要の合計である」

$$D = c(Y - T) + \bar{C} + I + G + NX \tag{2-3}$$

この2つの関係を合わせると何が見えてくるでしょうか？　話がちょっとだけややこしいのは、2つの式の両方に Y と D という2つの変数が入っていることです。そこでこの2つの関係をビジュアルに表現するため、グラフの力を借りることにしましょう。

7　総生産の決まり方、図解

「YはDで決まる」——45度線

こんな平面を考えてみましょう。まずよこ軸にY、つまり総生産をとります。たて軸にはD、つまり総需要をとります。この平面の上に、さっきの2つの関係を描いてみましょう。

まず、「YはDで決まる」という関係（つまり式2-2）は図表2-2のように描くことができます。原点を通る傾き1の直線、つまり45度線になっていることがわかります。

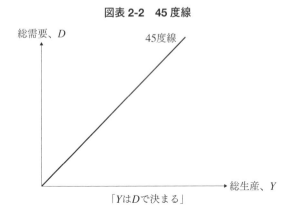

図表 2-2　45度線

「DはYで決まる」——DD線

次に「D は $C+I+G+NX$ で決まる」という関係はどう描けるでしょうか。式（2-3）をもう一回見てみましょう。次のようにちょっとだけ書きかえてみます。

$$D = \underbrace{cY}_{Yに関係する項} + \underbrace{(-cT + \bar{C} + I + G + NX)}_{Yと無関係の項}$$

この関係は図のうえでは傾きが c でたて軸上の切片が $-cT+\bar{C}+I+G+NX$ の直線として描けることがわかります。切片は（最初の項だけマイナスですが）正であることにします。ここから、図表2-3中で「DD」という記号で表されている直線が描けることになりま

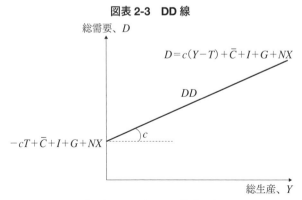

図表2-3　DD線

「Dは$C+I+G+NX$で決まる」

す。これをここからは「DD線」と呼ぶことにしましょう。

DD線の傾きは1より小さく描く

ここでとても大事になるのがDD線の傾き、c です。おさらいすると、この c は「限界消費性向」というのでした。そしてその値は0と1の間ということになっています。「人は宝くじで100万円あてれば消費を増やす、でもすぐに100万円まるまる全部使ってしまわないものだ」というものでしたね。ですから図表2-3でもDD線の傾きは（正ですが）1よりは小さく描かれています。つまりこの直線の傾きは45度線よりもゆるやかになるのです。

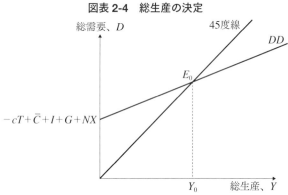

図表2-4　総生産の決定

「Y と D がお互いに影響を与えあいながら、総生産が決まる」

45度線とDD線の交点でGDPは決定される

図表 2-2 と図表 2-3 をまとめて 1 つの図にしたのが図表 2-4 です。2 本の線は一回だけ交わることがわかります。つまり、上に書いた 2 つの関係を両方とも満たすのは図の上で E_0 と記されているこの交点 1 か所だけなのです。ですからこの点が総生産を決める点になります。このときの総生産は図中で Y_0 と表されています。

このように、総生産の決まり方を理解するには図を使うのが便利です。次の第 3 章では、図の助けも借りながら、これまで与えられたものとしてきた変数、たとえば G の値が変わったときに総生産がどう変わるかを考えることにしましょう。

第3章 景気がよくなるとき、悪くなるとき

第2章ではGDP、つまり総生産がどうやって決まるかを学びました。この第3章ではその総生産がどんなときに大きくなったり小さくなったりするのかを考えましょう。つまり、景気がよくなったり悪くなったりする原因を探っていきます。

これまでに説明したように、総生産は短期的には総需要で決まります。そこで、総需要の4項目、つまり消費、投資、政府支出、純輸出のどれかが増えれば総生産は増加し、減れば総生産は減少することがわかります。これらの項目はどういうときに増えたり、減ったりするのでしょうか。

1　財政政策①
──政府の力で景気をよくできるのか?

財政政策とは

最初に考えるのは政府の財政政策の役割です。第2章で説明したように、財政政策は2種類に区別できます。1つは政府支出Gにかかわる政策、2つ目は租税Tに関する決定です。まずは政府支出のほうから話を始めましょう。

新聞などを読んでいると、景気の雲行きが怪しくなってきたときなどによく、政府が「財政出動」あるいは「拡張的財政政策」を取ることにしたといった記事が出てきます。どちらも政府支出を増やすという意味です。

この本のプロローグの切り抜き記事②では、リーマン・ショック対策として政府が支出を増やすことにしたというニュースを見ましたね。ほかにも、たとえば2012年暮れに第2次安倍内閣ができたとき、政府は「アベノミクス第2の矢」として、当時の不景気に立ち向かうための大がかりな拡張的財政政策をぶち上げました。特に道路や堤防などの公共事業費が大幅に増やされたのです。

こういった記事が出ること自体、政府は支出を増やすことで景気をよくすることができると思っていることを表しています。そしておそらく、記事を載せた新聞も。そういうふうに広く信じられている根拠は何なのでしょうか。

図による分析

第2章でみた2本の式、（2-2）と（2-3）からなるモデルを振り返ってみましょう。その中では政府支出はGという記号で表されていました。

$$Y = D \qquad\qquad\qquad (2\text{-}2)$$
$$D = c(Y - T) + \overline{C} + I + G + NX \qquad (2\text{-}3)$$

政府支出Gは総需要を決める式（2-3）の右辺に出ています。ですから、図でいうと、Gが増えるとは式（2-3）の関係を表すDD線の切片が大きくなることを

図表 3-1　政府支出 G の増加は総需要 D を増加させる

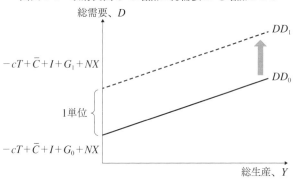

意味します。これを図解しているのが図表3-1です。

図表3-1の上で、もとのDD線、つまりDが大きくなる前の式（2-3）は実線DD_0で表されています。このときのGの水準はG_0という記号で表されています。ここからGが1単位だけ大きくなったとしましょう。新たなGの水準をG_1という記号で表しましょう。つまり、$G_1=G_0+1$です。すると DD 線の切片は1単位だけ大きくなります。傾きcは変わりません。これが同じ図の上の破線DD_1です。ここまでで、政府支出は総需要の一部なので、それが増えると（所与の総生産のもとで）総需要が増加することがわかりました。ではこの図の上に、式（2-2）を表す45度線を重ね合わせてみましょう。その結果得られたのが図表3-2です。

もともとの総生産はもとのDD線である実線DD_0と

図表 3-2 政府支出 G の増加は総生産 Y を増加させる

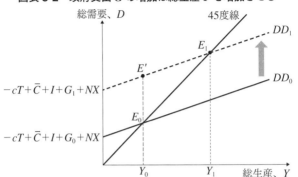

45 度線が交わる点 E_0 で決まっていました。この水準が図中のよこ軸上の Y_0 です。いま DD 線が破線 DD_1 に移動すると、総生産はこの線と 45 度線が交わる点 E_1 で決まることになります。この点はもとの点 E_0 より右上にありますから、総生産は図中よこ軸上の Y_1 まで増加することがわかります。

政府支出増は景気をよくする

このように政府支出の増加は総生産を大きくする効果があります。その理由は政府支出、つまり政府が財を買う行為は総需要の一部であることです。政府が買う財の量を増やすと経済全体の財需要が増えます。短期的には企業は総需要に合わせて生産しようとしているので、生産が増えて総生産が伸びることになります。

財政政策は魔法の杖⁈

　実は図表 3-2 はもっとすごいことを言っています。この図から、G が 1 単位増えると Y は 1 単位よりも多く増えることがわかるでしょうか？　つまり拡張的財政政策は政府支出の増加幅よりも大きな総生産の増加をもたらすのです。

　このことは図の上で次のようにして読み取れます。まず、実線 DD_0 と破線 DD_1 は平行です（中学の数学みたいで、懐かしい響きですね）。破線 DD_1 のほうが切片がちょうど 1 だけ高いことは先ほど確認しました。なので、点 E_0 からまっすぐに上に行った点 E' までの距離はちょうど 1 です。しかし点 E_1 はそれよりもさらに右上にあるので、総生産の増え方は 1 よりも大きいことがわかるのです。

　政府支出が 1 増えればまずは総需要が 1 増えるでしょうから、総生産が 1 増えるというのならばなんとなくわかります。ところがこの図は総生産は 1 よりも大幅に増えると言っているのです。そんな魔法のようなことがどうして起こってしまったのでしょうか？　順を追って説明していきましょう。

魔法の種明かし

〈第 1 ラウンド＝政府支出の直接効果〉

　例の 2 本の数式に戻ってみましょう。式（2-3）から、G が 1 単位増えると D がまずは 1 単位増えること

がわかります。式（2-2）から、D が 1 単位増えると Y が 1 単位増えることがわかります。これがいわば第 1 ラウンドです。しかし、話はこれで終わりではありません。それは次の第 2 ラウンド以降があるからです。

〈第2ラウンド〉

式（2-3）に戻ってみましょう。Y が 1 単位増えるとまた D が増えることがわかります。Y には係数 c がかかっていますから、このラウンドの D の増加幅は c 単位です。式（2-2）から Y は D で決まりますから、第 2 ラウンドで Y は c 単位だけ増加することになります。

何が起きているのでしょうか？　第 2 章を思い返してみると、D が Y の関数になるのは消費需要 C が可処分所得に依存するからでした。係数 c は 0 と 1 の間の定数で「**限界消費性向**」というのでした。平たく言えば、総生産が増加するとそれだけ家計にとっては可処分所得が増えて、それを消費に回そうとします。増えた分全部を使ってしまうことはしないでしょうが、少なくとも一部は消費支出増につながることでしょう。つまり限界消費性向は 0 よりも大きく 1 よりも小さいでしょう。こうして家計の消費が増えます。消費は総需要の一部で、総生産は総需要で決まりますから、総生産が再び増えることになります。というわけで、第 2 ラウンドの総生産の増加幅は c 単位です。

終わりのない物語

〈第3ラウンド〉

しかし話はまだまだ続きます。第2ラウンドで総生産が c 単位増えました。ということは、家計の可処分所得も c 単位増えます。これを見た家計は消費を増やします。どれだけ増えるかというと、限界消費性向 c を可処分所得の増加幅に掛けた数、つまり $c \times c$ だけ増えるのです。総需要も同じだけ増えるので、第3ラウンドの総生産の増加幅は $c \times c$ 単位です。

〈第4ラウンド〉

しかし話はこれで終わりではありません。第3ラウンドで総生産が増えたということは家計の可処分所得も同じだけ増えるので、消費は $c \times c \times c$ だけ増えます。そして……

〈話の終着点〉

……というのをずっとやっていると、この本が終わってしまいそうです。このプロセスは無限に続きます。それぞれのラウンドで生じる総生産の増加幅を合計すると、

$$1 + c + c \times c + c \times c \times c + \cdots$$

となって、必ず1より大きくなることがわかります。

財政の「乗数効果」

実は上の無限の足し算は、$1/(1-c)$ に等しくなることが知られています。この値のことを「**政府支出乗数**」と呼びます。政府支出が1単位増えると総生産がそれよりも大きく増えることを財政の「乗数効果」と呼びます。総生産の増加幅が雪だるま式に膨らむというようなイメージですね。

いくつか数値例をやってみましょう。限界消費性向 c が仮に0.5だとすると、政府支出乗数は2になります。もし $c=0.75$ ならば乗数は4です。もし $c=0.8$ ならば乗数は5にもなります。

限界消費性向の役割

先ほどの数値例では、限界消費性向 c が大きいほど政府支出乗数は大きくなっていました。これは偶然ではありません。乗数効果は増えた可処分所得を家計が消費に回すことによって生じます。ですから、可処分所得の増加分のうち、消費に振り向ける割合が高ければ高いほど、乗数効果は強くなるのです。

このように、財政政策の効果を見積もるためには、家計の消費行動に関する見極めが大事です。よく言われるのは、家計が老後の生活の心配など将来不安を抱えていると、限界消費性向は小さくなるということです。つまり可処分所得が増えたとしてもそれをあまり使わないで将来のために取っておこうとする傾向が強

図表 3-3　政府支出増加の効果

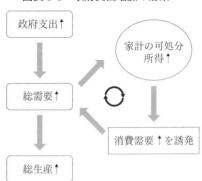

くなります。それは財政政策の効果も小さくなることを意味するのです。

　ここまで、政府支出増加の効果をかなり紙幅を割いて説明してきました。話が長くなりましたので、要点を図表 3-3 にまとめておきました。これまで展開されてきたストーリーのおさらいに役立ててください。

2　財政政策②
―― 減税はなぜ景気を刺激するのか?

減税と可処分所得

　次にもう 1 つの財政政策の手段である、税の効果を見てみましょう。税は家計の可処分所得に影響します。復習するならば、

$$（家計の可処分所得）＝（総所得）－（租税）$$

でしたね。したがって減税は可処分所得を増加させます。増税は反対に、可処分所得を減少させます。この節ではこの経路を通じて税の変化がGDPに与える影響を考えていきます。

2つの前提

　なお、この節では2つの仮定を置いて話を単純化することにします。第1に現実の税にはさまざまな経路を通じて世の中に複雑な効果をもたらすものが少なくありません。

　たとえば、所得税は人々の勤労意欲に影響するでしょう。たばこ税は人々がどれだけたばこを吸うかに影響するでしょうし、ガソリン税は夏休みの旅行に車で行くか電車で行くかの選択に関係するでしょう。2014年4月1日の消費税率引き上げの直前には、増税前に日用品などを買いこんでおこうという動き、いわゆる駆け込み需要が起きたことが知られています。しかしここではそうした複雑な効果はすべて脇に置きます。そして税が可処分所得を通じてのみ経済に影響すると考えることにします。

　第2にこの節では（実は前節もそうだったのですが）、政府は政府支出と税の額をそれぞれ別個のものとして選べると考えます。これは必ずしも非現実的と

は言えないでしょう。なぜなら政府は、もし政府支出を増やしたいが税を変えたくないときには国債を発行することができるからです。国債とは政府が民間から借金するときに発行する借用証書です。もし減税をして収入は減らすが政府支出は変えたくないときにも、やはり国債の発行を増やすことができます。このように、少なくとも短期的な視野で話をしているときには、政府支出と税は別々に操作できると考えても悪くないと思われます。

　もちろん、非常に長い目で見れば、政府といえども借りたカネは返さなくてはなりません。政府支出を増やしたらいつかはその政府支出を減らすか増税をしなくてはならないでしょう。その意味では政府が政府支出と税をまったく独立したものとして動かせるという前提はやはり一種の単純化といえるでしょう。しかしこの本では主に短期の経済の動きを考えているので、政府支出と税のリンクについては当面考慮せずに、これからの話を進めていきたいと思います。

減税は景気をよくする

　ここで第2章に戻って、もう一度、式（2-2）と（2-3）からなるモデルを振り返ってみましょう。租税はTという記号で表すのでした。先に見たように租税は消費需要に影響するので、この変数は総需要を決める式（2-3）の右辺に出ています。

図表3-4　Tの低下は総生産Yを増加させる

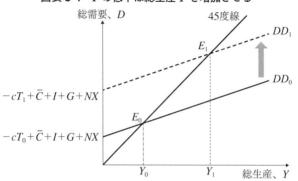

　ここから少しだけ話が混み入りますので注意してください。まず、減税はTが減ることを意味しています。そして式（2-3）でTの係数はマイナスです。ですから、減税したときに式（2-3）の関係を描いたDD線の切片は大きくなります。ですから変化の方向としては先ほど見た政府支出の増加と同じです。図表3-4を見てください。

　図表3-4の上で、もとのDD線は実線DD_0で表されています。総生産はこの線と45度線の交点E_0で決まっています。この状態からスタートして、Tが1単位だけ小さくなったとしましょう。すると式（2-3）から、DD線の切片はc単位だけ大きくなります。これを表しているのが同じ図上の破線DD_1です。新たな総生産はこの線と45度線が交わる点E_1で決まること

になります。この点はもとの点 E_0 より右上にありますから、総生産は増加することがわかります。

政府支出増と減税の効果比較

　このように減税は、政府支出増と同じように、景気をよくする効果があります。ただ、その効果の大きさは異なります。このことを図表 3-2 と図表 3-4 を比べつつ振り返りながら見てみましょう。まず政府支出が 1 単位増加すると、図表 3-2 で見たように、DD 線の切片は 1 単位だけ上のほうに移動します。これに対し、1 単位の減税があると、図表 3-4 で見たように、DD 線の切片は c 単位分上のほうに動きます。この c は 1 より小さいので、政府支出増のほうが（額が同じならば）効果が大きいことがわかります。

　政府支出はそれ自体が総需要の一部なので、これが 1 単位増えると第 1 ラウンドの効果としてまず総需要が 1 単位増加します。これに対して 1 単位の減税は、家計の可処分所得を 1 単位増加させ、消費意欲を高めることで第 1 ラウンドの効果を発揮します。その効果の強さを決めるのが限界消費性向 c です。つまり、可処分所得が 1 単位増加したときに家計が「一部は将来のために取っておこう」と思う分だけ、第 1 ラウンドの効果は弱くなるのです。

減税乗数

以上が第1ラウンドの効果の比較でした。第2ラウンド以降のストーリーは先ほどと同じです。第1ラウンドで生じた総生産の増加はさらなる消費需要の増加を誘発して、さらなる総生産の増加をもたらします。最終的には総生産は$c/(1-c)$単位増加することを示すことができます。これを**減税乗数**といいます。この値は減税の第1ラウンド効果であるc単位より大きいこと、また、先に見た政府支出乗数のちょうどc倍になっていることを確認してください。

3 消費需要の変動要因

総需要に影響を与えるのは政府の政策ばかりではありません。むしろ民間の需要、つまり家計の消費需要や企業の投資需要のほうが、実際の景気循環の中ではより重要な役割を果たしているのです。純輸出需要も大事です。そこで以下では、こうした需要項目がどういうときに変動するかを考えてみましょう。まずは消費需要から見ていきたいと思います。

家計の将来予想で消費が変わる

家計の消費需要を増減させるものとして、第2章では現在の可処分所得を取り上げました。ほかにはどんな要因が考えられるでしょうか。1つには家計の先行

きの所得に対する見通しを挙げることができます。

　ここにＡとＢという2つの家庭があったとしましょう。どちらも今年の可処分所得は300万円です。でもＡさんのお宅では、もうすぐお父さんが会社の重役に昇進するので、来年以降これが900万円になるだろうと思っています。お隣のＢさんの家ではお父さんの会社の業績が思わしくないので、来年以降の可処分所得は100万円に落ち込むだろうと思っています。比べればＡさんの家庭のほうが恵まれた経済状況にあるといえるでしょう。ですから、ほかの条件が同じだったら、そちらのほうがより多くの消費をするだろうと考えられます。

　同じ理屈は国全体の消費の時間を通じた動きにも当てはまります。ある国の可処分所得が昨年から今年にかけて変わらなかったとしても、今年に入って家計の将来所得に対する見通しがより明るくなったとすれば、家計の財布のひもは緩むことでしょう。反対に人々が将来、所得が落ち込むことを予想するようになると、消費はいまから落ち込むことでしょう。

資産価格の予想

　もう1つ、家計消費に影響する可能性がある経済的な要因として株価のような**資産価格**を挙げることができます。株価が上昇すれば、そういった資産を多く保有している家計はより豊かになったと感じます。この

ため、そういった家計を中心に、株高は消費にプラスの効果を与えるのです。

土地の値段、つまり地価についても同じように考えることができます。地価が上昇すれば、土地を持っている家計は以前より豊かになったと感じますから、消費を増やします。このことを通じて、全体の消費にもプラスの効果を及ぼします（ただ、これから土地を買おうと思っていた矢先に地価が上がってしまった、というような家計もあるでしょうから、その人たちにとっては効果はマイナスですね）。

家計の年齢構成と消費

家計の年齢についても考えなくてはなりません。それは所得が年齢とともに変わるからです。もちろん個人差はかなりありますが、学校を卒業した後に多いパターンは（1）若いときには所得が低い、（2）中年くらいになると昇進などによって所得が高くなる、（3）高齢者になると退職などの理由で所得が低くなる、というものです。つまり年齢に対して山なりのカーブを描くことが多いのです。

これに対して、多くの家計は生涯を通じてできるだけならして消費をしようとします。特に中年の時分には、若いころより所得が上がったからといって調子に乗ってそれを使い切ってしまうのではなく、老後のために銀行預金などの形で取っておこうとする傾向があ

るようです。それに対して高齢者は、所得が下がったからといってそれに合わせて消費を切り詰めていては生活が成り立たないことすらありえます。そこで、所得が下がった割には消費はそこまで下がらないことが多いのです。所得を上回って消費する場合には、これまで貯めてきた銀行預金などの資産を取り崩して支出に回すことになります。

こういった理由から、平均的には、中年世代家計は所得に占める消費の割合が低く、高齢者家計は所得に対する消費の比率が高いという傾向が生じます。

以上の理屈を国全体に当てはめると、消費需要はその国の家計の年齢構成と深く関わっていることがわかります。中年世代が多い国では、所得対比でみると、消費需要が小さくなる傾向があります。高齢化が進んだ国では所得に占める消費の割合が比較的大きくなる傾向があります。

不確実性と消費への影響

先ほど、家計の将来予想の役割について説明しましたが、そこでは各家計は自分の将来についてだいたいわかっているものとして話をしました。実際には、いうまでもなく、未来は不確実です。自分では来年の所得はこのくらいだろうと思っていても、会社がつぶれるかもしれませんし、自分が病気になってしまうこともあります。反対に会社が突然ヒット商品を連発して

ボーナスがもらえるかもしれませんし、家族が宝くじで1億円を当てるかもしれません。

　しかも不確実性の度合いも個々人の置かれた状況や経済の状態によって変わってきます。個人のレベルでいえば、健康を害してしまう危険性は年齢とともに高くなる傾向がどうしてもありますし、失業などの理由で所得が下がってしまうリスクは正社員よりも非正規労働者のほうが高いことが多いようです。国全体について考えても、金融危機が起こったり、あまり考えたくないことですが戦争のリスクが高まるようなときには、多くの国民が不確実性が高まったと感じます。

　そうした不確実性も消費需要に影響します。将来の見通しに不透明さが増すと、家計の消費意欲は弱まるという説が有力です。つまり、将来どうなるかわからないという見方が強まると、悪いことが起きた場合に備えて、より多くの所得を将来のために取っておこうとするというわけです。

消費を動かす心理的要因

　また、経済学的には説明の難しい、「感情」や「気分」のようなものに消費が左右されることもあります。例えば2011年3月11日の東日本大震災のあとでは、大きな被害に心を痛めた国民による「自粛」の動きが広がって、消費需要は落ち込みました。

　なお、これまで見てきたもの以外に、貸し借りなど

にまつわる金融的な要因も見逃せないのですが、それについては第4章であらためて話題にしたいと思います。

4　投資需要の変動要因

企業の利潤動機

　投資需要に話を移しましょう。その中でも特に金額の多い企業の設備投資を中心に議論を進めます。念のために復習しておくと、設備投資とは企業が新たな生産設備、たとえば機械を購入することでしたね。利にさとい企業がいまおカネを使ってでも手持ちの機械を増やそうとするには理由があるはずです。それは、買った機械を使ってより多くの財を生産することで、将来のもうけを増やすことができると思うからでしょう。

　このように投資とはいまのもうけを犠牲にして将来のもうけを増やそうとする行為といえます。ですから、企業の投資がどうやって決まるかを理解するためには、投資するときに企業がいま支払う費用と、それによって企業が将来得る利潤がそれぞれどのくらい増えるかを理解する必要があります。

例による説明

　例を使って説明するために、ある商店街のまんじゅ

第3章 景気がよくなるとき、悪くなるとき　　93

う屋にご登場願いましょう。まんじゅう屋のおじさんはいま、1台の機械を使って生産を行っています。おじさんはもう1台機械を買おうかどうかを考えているところです。機械を買うにはもちろん費用がかかります。一方、機械が多いほうが生産効率は上がって、将来のもうけは増えるでしょう。一体もうけはどのくらい増えるのでしょうか？

　その決め手の1つはまんじゅうの価格です。価格が高いほうが、生産量を一定として、もちろん収入は増えます。それだけではありません。まんじゅうが高く売れるとなるとおじさんはきっと、従業員に残業手当を払ってでも営業時間を延長してたくさんのまんじゅうを作って売ろうとするでしょうから、生産量も増えます。ですから、まんじゅう価格が上がると単価、生産量の両面から利潤は増えることになります。

　ここでは簡単化のために、利潤はまんじゅう価格の2乗に比例して大きくなっていくものとしましょう。また、備え付けてある機械の台数が多いほど利潤は増加すると考えます。具体的には、次のような関係があると仮定しましょう。

　（利潤）＝ 50 ×（価格の2乗）×（機械の台数）

　ただしここで言う利潤は、機械を買うために使った費用を差し引く前のもうけのことです。

図表 3-5　利潤の計算

(単位：100万円)

	価格が100円の場合	価格が200円の場合
機械が1台の場合（A）	0.5	2
機械が2台の場合（B）	1	4
利潤の差（B−A）	0.5	2

　おじさんの弟が経営コンサルタントをやっていて、調査を依頼したら中間レポートが送られてきました。それによると、まんじゅうの価格は100円か200円のどちらかになるのだそうです。エクセルを使って先の式を当てはめてみたら図表3-5が得られました。

　さて、新しい機械を1台導入するための費用は100万円なのだそうです。なお話を簡単にするために、既存の機械には費用はかからないものとしましょう。図表3-5によると、もしまんじゅうの価格が100円ならば、新しい機械を買っても利潤は50万円しか増えません。これでは100万円の費用をまかなうことはできません。おじさんは機械を買うのを断念すべきということになります。

　もしまんじゅうの価格が200円ならば、新しい機械を買うと利潤は200万円も増えますから、100万円の費用を払っても、まだ100万円のおつりがきます。おじさんは機械を買うべきということになります。おじさんはいま、弟からの最終レポートをどきどきしなが

ら待っているところです。

投資によるもうけの決定要因①
——生産財価格の将来予想

　上の例からもわかる通り、投資を決める1つの大事な要因は企業が生産している財の価格です。より正確にいえば、企業はいま機械を買って、それで将来、財を生産して売るのですから、大事なのは財価格に関する先行き予想です。将来、財が高く売れると思うほど、企業はいま、投資を増加させるのです。

投資によるもうけの決定要因②——日々の生産費用

　上の例では計算の背後に隠れてしまいましたが、買った機械を据え付けた後の日々の生産費用も投資によるもうけを左右します。生産費用を決めるのは、1つには労働者に支払う賃金です。もう1つ、原材料価格のことも忘れてはなりません。

　まんじゅうの価格を一定として、従業員の時給やまんじゅうの原料（小麦粉など）価格、機械を動かす動力源（重油や電力）の価格が高くなれば、当然1個あたりのもうけは小さくなります。

　なお、より正確に言えば、大事なのは賃金や原材料価格と生産財価格との比率です。たとえば、小麦の価格の水準そのものが本当に問題なのではありません。その小麦から作って売るまんじゅう1個の値段に比べ

て小麦価格がどのくらいなのかが、企業が投資行動を決めるにあたって本当に大事なことなのです。

投資の費用の決定要因①──機械の購入時の価格

次に、機械をいま買うことに伴う費用について見ていきましょう。まんじゅう屋の例をもう一度見てみましょう。先ほどはまんじゅう製造機1台当たりの費用は100万円と仮定したわけですが、これがもし40万円だとしたらどうでしょうか。このときおじさんは、たとえまんじゅう価格が100円でも2台目を買うべきだということになります。このように、投資の費用は投資需要に影響します。では、こうした費用は何によって決まるのでしょうか。

1つ目に思い浮かぶのが、機械の価格です。機械の価格が高いほど、機械を買うための費用は上がって、投資需要は小さくなることでしょう。より正確に言うならば、まんじゅう価格と比べた機械の値段、つまり相対価格が高くなると、投資需要は減少するのです。

投資の費用の決定要因②
──機械の売却時（将来）の価格

しかし費用に影響するものはほかにもあります。忘れてはならないのは、機械の値段の先行き予想です。まんじゅう屋は機械を1年使ったら中古市場で売り払うつもりだとしましょう。いま、新品の機械の値段が

1,000万円だとして、調査の結果、1年後にはこの機械は実は2,000万円で売れることがわかったとしましょう。この情報は機械を買う方向にぐっと判断を引き寄せることでしょう。反対に、1年たったら機械は実は10円でしか売れないとなったら、機械を買う判断にとってはマイナスでしょう。

投資の費用の決定要因③──その他の要因

投資の費用を決める要因としてもう一つ、「**資本減耗率**」があります。これは機械が1年間にこわれて使えなくなってしまう率を指します。仮に1年後に機械を高く売れるということがわかったとしても、機械そのものが途中でこわれてしまったら、売ることはできませんね。ですから資本減耗率が高い場合には投資の費用は大きくなり、投資需要は減少します。

投資の費用を決めるとても大きな要因に、**利子率**があります。この話はとても大事なので、利子率とは何なのか、それはどうやって決まるのか、投資にどう影響するのかなど、金融面にかかわる要因についてはすべて第4章でじっくりと考えたいと思います。

アニマル・スピリット

第2章にも出てきた経済学者のケインズは、以上のような合理的な損得計算もさることながら、企業家の「**アニマル・スピリット**」が投資意欲を決める大事な

要因だと言っています。つまり企業家（まんじゅう屋のおじさん）がギラギラとした強気の気分で乗りに乗っているときには、多少採算を度外視してでも投資に踏み切るものだというわけです。反対に、なぜかおじさんの気分が落ち込んでふさぎ込んでいるときには、投資する気にならないことになります。

正直言って伝統的な経済学は、そうした気分だとか野性のカンとかいったものを分析するのは苦手です。なので私としては、できればこの話題はスルーしたいところです。でも、記者会見で投資の大型案件（損得勘定の観点からは、冷静に考えると疑問符がつくような）を発表する社長さんの高揚した表情などをテレビで見ていると、やっぱりそういった側面は否定できないのでしょうね。

5　純輸出需要の変動要因

純輸出を変動させる要因にもいろいろあります。ここではこれらを、輸出入の数量を直接変える要因と、国と国の間で取引される財・サービスの価格の変化の2種類に大きく分けて考えてみましょう。

数量要因

純輸出は輸出マイナス輸入ですが、まず輸出から考えましょう。輸出量を変える大きな要因としては輸出

先の家計のし好や企業の方針の変化を挙げることができます。例えば米国の家計の間で日本製乗用車の人気が高まれば日本からの輸出は増えるでしょう。中国のスマホメーカーが日本の半導体は使えると思えば、日本からの輸出は増えるでしょう。輸出先の景気も影響します。米国の消費が盛り上がればより多くの自動車を買ってくれるでしょう。中国企業の生産が増えればより多くの半導体を買ってくれることでしょう。

これに対して日本が輸入するものについては、日本の家計のし好や企業の方針が影響します。いまはあまり見かけませんが、日本で米国製乗用車の人気が上がればその輸入は増えることでしょう。日本企業が中国製の半導体は優秀だ、ぜひ国産に代えて使いたいと思えば、その輸入は増えるでしょう。

価格要因

輸出入には価格も影響します。日本製乗用車の値段が米国市場で高くなってしまえば日本からの輸出は落ちるでしょう。米国製乗用車が日本でとても安く買えるようになれば、日本への輸入は増えるでしょう。

ただここでも、大事なのはやっぱり財価格そのものというよりもほかの財と比べた価格、つまり相対価格だということに注意しましょう。米国の家計が米国車から日本車に乗り換えるのは、米国車に比べて日本車が安くなったときです。日本の家計が日本車から米国

車に乗り換えるのも、日本車に比べて米国車が安くなったときです。

　こうした相対価格に影響する大事な要因に為替レートがあります。この変数はあまりに大事なので、第5章で詳しく学ぶことにしましょう。

COLUMN

リーマン・ショックと日本経済

　この章で景気が変動する主な要因を（金融面を除いて）説明しましたので、ここでプロローグの切り抜きで取り上げたリーマン・ショックのときに日本経済に何が起きていたのかを振り返ってみましょう。プロローグでも述べたように、ことの起こりは米国の大手金融機関だったリーマン・ブラザーズ社が2008年9月に破たんしたことでした。そこから金融危機が世界中に広まっていきます。ただ日本に関していうと、金融機関へのダメージは（なかったとは言いませんが）比較的小さかったのです。

　より大きな問題は、危機におちいった国々が日本の製品を買ってくれなくなったことでした。特に当時の主力だった自動車や家電製品が売れなくなったのが痛かったといえます。図表3-6はこの前後の、日本から他国への乗用車輸出台数の推移をグラフにしたものです。

　データはだいぶギザギザしていますが、それでも2008年暮れから2009年初めにかけて、わずか3カ月ほどの間に輸出台数が半分以下に落ち込んでしまったことがわかると思います。輸出はしばらく低迷したあとに回復し始めますが、図にも見えるようにその足取りは非常にゆっくりしたものです。この大きなマイナス

6　総生産に対する効果：図による説明

　それでは消費・投資・純輸出のいずれかの需要項目が増加したときに何が起こるかを考えてみましょう。消費需要の（家計の可処分所得以外の要因による）増

の総需要ショックは国内に波及しました。これが、プロローグの切り抜き①で見た GDP の急激な低下をもたらす主な要因となったのです。

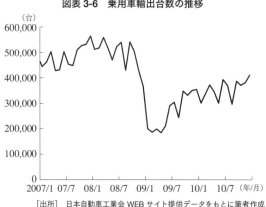

図表 3-6　乗用車輸出台数の推移

[出所]　日本自動車工業会 WEB サイト提供データをもとに筆者作成

加は、モデル上は、消費関数における基礎消費 $\overline{C}$ の増加として理解することができます。投資需要の増加は記号で言えば I の増加を意味しています。純輸出の増加はモデル上は NX の増加として表現できます。そこで $\overline{C}$ または I または NX が1単位増加したときに、

COLUMN

建築基準法改正と住宅投資

　総需要に影響する要因として、本文中で触れたもの以外に政府の規制を挙げることができます。たとえば、2007年6月20日に改正建築基準法が施行されたことは同時期の住宅投資の推移に大きな影響を与えました。この改正はある建築士による書類の偽装事件（2005年）に触発されたものと考えられていますが、建築開始前の審査を非常に厳しくするものでした。このことは住宅投資を大きく減少させました。図表3-7はこの前後の住宅着工戸数の推移をグラフ化したものです。

　わずか2カ月ほどの間に、着工される住宅の数はそれまでの6割程度に減ってしまっています。第1章でも見たようにGDPに占める住宅投資の割合はそんなに大きなものではありません（3パーセント程度です）。それでもこれだけ落ち方が激しいと、さすがにそれなりのインパクトが出てきます。内閣府経済社会総合研究所の計算では2007年第4四半期（10月から12月）の実質GDP成長率は住宅投資のために、年率換算で1.7パーセント押し下げられたとされています。

　なお図表3-7はその後住宅着工が少しずつ持ち直したこと、しかし完全な回復を見る前に再び下がってしまったことを示しています。この再度の落ち込みはリーマン・ショックなどによるもの

第 3 章 景気がよくなるとき、悪くなるとき　　103

モデルにおける総生産がどうなるかを考えてみましょう。

再び式（2-2）と（2-3）（75 ページ参照）に立ち返ってみましょう。$\overline{C}$ または I または NX が 1 単位増加したとき、式（2-3）の右辺は 1 単位増加します。こ

です。ただ、落ち方の急激さやその幅において、住宅着工に限っていえば建築基準法「ショック」のほうが影響が大きかったことがわかります。

図表3-7　住宅着工（戸数）の推移（新設）

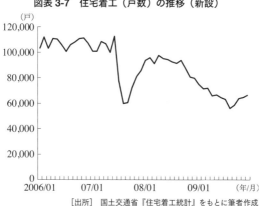

[出所] 国土交通省『住宅着工統計』をもとに筆者作成

れは政府支出 G が1単位増加した場合と全く同じです。ですから、与える効果も図表3-3で見たのと同じになります（ですので、改めてこの効果を図示することはしていません）。

　第1ラウンドの効果が同じというだけではなく、それから消費需要の増加を誘発することで無限回のラウンドを繰り返して、最終的には総生産が $1/(1-c)$ 単位増加するということも同じです。このように、消費需要・投資需要・純輸出需要の増加はどれも総生産を増やす効果を持つのです。

第 **4** 章 日銀が行う景気対策
――金融政策のからくり

これまでは GDP、消費、投資といった経済の実体面について話をしてきました。第4章と第5章では経済の金融面を視野に入れていきます。また、金融側で起きたことが実体面にどのような影響を与えるかについて説明していきます。第4章では国内の金融取引、第5章では国際的な金融取引について取り上げます。

　第4章の主役を務めるのが**利子率**です。そしてこの利子率を決めるのが金融政策、つまり中央銀行が出すおカネの量の操作であることを見ていきます。まずは、利子率について考えることがなぜ大事なのか、から始めましょう。

1　企業の投資需要と利子率

利子率は投資の費用を決める要因の1つ

　第3章で投資需要に影響するさまざまな要因について説明した際に、利子率についてだけは、説明するのを先送りにしていました。そのときの約束どおり、ここで利子率の果たす役割を取り上げましょう。

　現実の企業はいろいろなタイプの資金を元手に投資を行っています。その中でわかりやすいのは、企業が自己資金を持っていなくて、銀行からの借り入れに頼って投資している場合だと思います。そこで、第3章で活躍したまんじゅう屋さんに再びご登場いただきましょう。

第4章 日銀が行う景気対策 107

　第3章の例から数年後、店主のおじさんはまた、ま
んじゅう製造機を買おうかどうか迷っているようで
す。メーカーに問い合わせてみたところ、機械の値段
は1000万円であることがわかりました。おじさんの
手元には貯えがないので、もし買うならば全額を銀行
から借り入れなくてはなりません。借りたおカネは1
年後に返すことになっています。もちろんただ借りた
分を返せばよいのではなく、利子をつけて返さなくて
はなりません。利子率が10%だったら1年後の元利
合計は1100万円、1%だったら1010万円です。
　さて、おじさんは1年たったら中古市場で機械を売
り払うつもりでいます。中古機械の値段は700万円だ
と仮定しましょう。その分をさっきの元利合計から差
し引いて考えると、機械を買うことの費用は利子率
10%ならば400万円（1100万円−700万円）、1%な
らば310万円（1010万円−700万円）です。

投資需要は利子率の減少関数
　次に、機械を買った場合のもうけの算段をしましょ
う。これまでまんじゅう1個の値段が100円だったと
します。そしてこの価格は今後も変わらないものとし
ましょう。この機械を買うと、まんじゅうを1日100
個作れて、それが売れるとします。すると、1日あた
りのもうけは100×100＝1万円です（賃金や原材料価
格などは、話を簡単化するためにゼロと考えていま

図表 4-1　まんじゅう屋のおじさんの設備投資計画

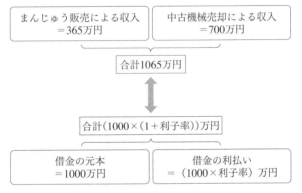

結論：利子率が6.5パーセント以下なら、買うべし！

す）。仮に365日間休まずに営業するなら、1年で365万円のもうけが出る計算になります。

このもうけと先ほど計算した費用を比べてみましょう。もし利子率が10％だったら費用がもうけを上回ってしまいます。おじさんはこの機械を買うのをあきらめたほうがいいでしょう。もし利子率が1％だったら話は別です。もうけが費用を上回りますから、この投資を行うべきでしょう。以上のストーリーをイラスト化したのが図表4-1です。

以上の例からわかるように、利子率が高くなるほ

ど、他の条件を一定として、投資の費用は大きくなります。そうすると、もうけの大きな投資でないと、割に合わなくなってきます。こうしたことから、企業の投資需要は利子率が高まるほど小さくなるといえるのです。

大事なのは利子率そのものか?

この説明でクセ者なのは、「他の条件を一定として」というくだりです。特に気をつけなくてはならないのは、この例ではすべてのものの値段は一定だと想定していたことです。この想定が変わるとどうなるでしょうか。

仮に、すべてのものの値段が10％上昇するとしましょう。「すべてのもの」の中にはまんじゅうだけでなく、(中古市場における)機械も含まれていますので注意してください。つまり、

まんじゅう　100円→110円
中古機械　　700万円→770万円

するともうけは1日あたりでは110×100＝1.1万円になり、1年間365日では401.5万円になります。これに対して、機械を買うための費用は先ほど求めたように、利子率10％ならば330万円(1100万円−770万円)、利子率1％ならば240万円(1010万円−770

万円）です。

　こうなると、たとえ利子率が 10％でももうけが費用を上回るので、おじさんはこの機械を買うべきだということになります。

　このように見てくると、投資決定に本当に大事なのは利子率の水準そのものではないということに気づかされます。本当に大事なのは、利子率からモノの値段の上昇率、つまり物価上昇率（インフレ率）を差し引いたものです。

　もう少し正確にいえば、ここでの物価上昇というのは今年から来年にかけての物価上昇のことを言っているので、現時点でその値が確実にわかっているわけではありません。ですので、その予想値を使って計算された、「利子率－予想物価上昇率」が投資需要を決定するのです。どんなに利子率が上がっても、もし予想物価上昇率も同じだけ上昇したら、投資需要にとっては影響がないのです。

　こうなるのは投資が「今日モノ（機械）を買って（それを使って）明日モノ（まんじゅう）を売る」行為だからにほかなりません。いま、利子率がとても高い水準にあるとしましょう。すると、おカネの意味での返済額が大きくなるので、一見するととても負担が大きいように見えます。でも、その間にモノの値段も同じような率で上がっているならば、モノの価値で測った、つまり「実質価値で見た」負担はあまり大きく

ないといえるのです。

2 「おカネで測った利子率」対 「モノで測った利子率」

　経済学では以上のような議論を重視して、「2つの種類の利子率」があるという考え方をします。1つ目が私たちがふだん利子率と呼んでいるもので、「今年1円借りたら来年何円余計に返さないといけないか」を表しています。いわば「おカネで測った利子率」ですね。これを「**名目利子率**」と呼んでいます。第1章にも出てきたようにマクロ経済学で「名目」とは「おカネで測った」という意味です。

　2つ目が第1節で出てきた、いわば「モノで測った利子率」です。これは「今年財1個分の借金をしたら来年財何個分余計に返さなくてはならないか」を意味しています。これを「**実質利子率**」と呼んでいます。「実質」とは「モノで測った」という意味でしたね。

　前の節の最後に見たように、実質利子率は名目利子率から予想インフレ率を差し引いたものになります。この関係を経済学者アービング・フィッシャーの名前をとって「**フィッシャー方程式**」と呼んでいます。式にして書くとこんな感じです。

フィッシャー方程式
（実質利子率）＝（名目利子率）－（予想物価上昇率）

ただし
実質利子率 ＝モノで測った利子率＝今年財１個分借りたら来年財何個分余計に返さなくてはならないか
名目利子率 ＝おカネで測った利子率＝今年１円借りたら来年何円余計に返さなくてはならないか

名目利子率を i という記号で表しましょう。物価上昇率は π（パイ）というギリシャ文字で表します。予想物価上昇率はこれに英語で予想を意味する expectation の e をつけて、π^e と表すことにしましょう。するとフィッシャー方程式は

$$実質利子率 ＝ i - \pi^e$$

と書けることになります。

3　投資関数の定義

これまでの議論を整理しましょう。投資需要は利子率の減少関数なのですが、正確には実質利子率の減少関数です。この関係を「**投資関数**」と呼びます。これを描いたのが図表 4-2 です。

図表 4-2 でよこ軸は企業が行う投資の量で、これまで通り I で表されています。たて軸は実質利子率 $i - \pi^e$ です。この図の上で投資関数は右下がりの線で表され

図表 4-2　投資関数

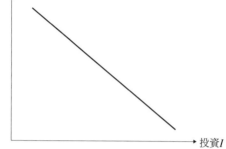

ることになります。まとめると、

> 投資は実質利子率の減少関数

となります。

この図表からわかるように、予想物価上昇率 π^e を一定とすると、名目利子率 i が高くなるほど投資のコストは高くなって投資の量は減ることになります。第3章で学んだようにこれは総需要を小さくしてGDPを減らす効果を持ちます。このようにして名目利子率は景気に影響するのです。

さて、この名目利子率を決めるのが、中央銀行による金融政策です。この政策はときには「金利政策」とも呼ばれます。名目利子率は中央銀行が「**利上げ**」を決定すると上昇し、「**利下げ**」をすると低下します。

中央銀行はどのようにして名目利子率をコントロールするのでしょうか。次に見ていきたいと思います。

4　マネーストックとマネタリーベース

現金だけが貨幣ではない

名目利子率はおカネで測った利子率ですから、その決定を論じるにはおカネ、つまり**貨幣**とは何かから話を始めなくてはなりません。しかし、おカネとは何かと改めてそう聞かれてみると、何となくわかるようでちゃんと答えるのは難しい質問だということに気がつきます。

経済学では貨幣とは、「取引に容易に用いることができるような資産」あるいは取引手段に容易に交換することができるような資産を指すとされています。たとえば現金はいつでも買い物に使うことができますから、貨幣の一部とみなしていいでしょう。しかしそれだけが貨幣といってよいでしょうか。普通預金は口座にひもづいているデビットカードやクレジットカードがあれば、それらをお店で使うことで取引手段として使えます。銀行のキャッシュカードを使って ATM でお金をおろす、つまり現金という取引手段に換えることも簡単です。

マネーストック

　このように考えてみると、どのくらい取引に便利な
ものまで貨幣に含めるかによって、貨幣の定義はいろ
いろありえるということがわかります。事実、日本の
貨幣に関する統計でも、いくつかの指標が併記されて
いるのです。狭い定義によるものもあれば、広い定義
に基づくものもあります。

　ここでは日本の「**マネーストック**」の統計から代表
的なものを1つ紹介しましょう。マネーストックとは
ある一時点において、日本経済の中にどれだけの金額
の貨幣が存在しているかを測るものです。第1章でみ
たように量を表す指標はフロー変数とストック変数に
分けられますが、このマネーストックは名前が表す通
り、残高を表す「ストック」の指標です。この中に、
「M3」と呼ばれる指標があります。定義は以下の通り
です。

$$M3 = 現金通貨$$
$$+ \frac{預金通貨}{(普通預金など)} + \frac{準通貨}{(定期預金など)}$$
$$+ 譲渡性預金（CD）$$

　2017年平均でみたM3の総額は約1300兆円でし
た。その内訳をみると現金通貨は約96兆円にすぎ
ず、残りはすべて預金でした。このように、おカネと

いうときに私たちがイメージする現金は貨幣のごく一部でしかありません。その大半は銀行預金などなので、注意してください。

マネタリーベース

さて、そうなるともう一つの疑問が浮かびます。ふつう、中央銀行は貨幣の量をコントロールするものだと考えられています。事実、現金についていえば、日本のお札には「日本銀行券」と書いてあることから、その量は日本銀行が決めているのだろうという推測がつきます。ところが、もし世の貨幣の大半が預金だとすると、その部分については量を直接コントロールすることはできないはずです。私たち日本人が銀行におカネを預けたりおろしたりするとき、それは別に日本銀行に命令されてとか頼まれて行動しているわけではありません。

では中央銀行はどうやっておカネの量のコントロールをしているのでしょうか。実は、おカネにまつわる統計指標には、先ほど出てきたマネーストックと並んで、もう1つ大事なものがあります。それが「**マネタリーベース**」と呼ばれるものです。

これは一言で言えば「中央銀行が出したおカネ」の総額のことです。中央銀行は別に個別家計におカネを配って歩いているわけではありません。中央銀行は、おカネを増やそうとするときには、それを銀行に対し

て供給するのです。

この供給は2つの形をとります。1つ目が**現金**で、こちらはわかりやすいですね。2つ目が**銀行準備**（あるいは準備預金、日本では日銀当座預金とも言います）と呼ばれるものです。

中央銀行はマネタリーベースをコントロールする

各銀行は中央銀行に口座を持っています。そこに置いてあるおカネが銀行準備です。といっても、中央銀行がただで銀行におカネをくれるわけではありません。中央銀行は、銀行に対して供給するおカネを増やしたいと思ったとき、銀行が持っている債券（国債など）を買い取ります。その対価として中央銀行からこの口座におカネが振り込まれるのです。

信用創造過程

銀行はこの口座にあるおカネをすべて寝かせておいても仕方ないので（通常、この口座についている金利は低いので）、そのうち多くを引き出して、企業などへの貸出に回します。こうして、中央銀行が銀行部門に供給したおカネが銀行部門の外に出ていくことになります。

いったん外の世界に出たおカネは世の中をぐるぐる回り始めます。最初に貸出を受けた企業は、その全部をすぐに使ってしまうのでない限り、残りはとりあえ

ず銀行に預金しておこうとするでしょう。すると預入の増えた銀行はその大半をまた貸出に回すでしょう。貸出を受けた企業はまたその大半を預金に回して……といった経過をたどって、とても大きな額の預金、つまり貨幣（の一部）が生み出されることになります。この一連の流れを「信用創造過程」と呼びます。

マネタリーベースからマネーストックへ

　この、中央銀行が銀行に出したおカネが銀行から出て世の中をぐるぐる回るスピードが安定的なものであるとしましょう。このとき、中央銀行がおカネを出すほど、銀行部門に残っているおカネも増える半面、世の中に出回るおカネも多くなることがわかります。このようにして、マネタリーベース＝中央銀行が銀行に供給したおカネ（正確にはそのうちで銀行の手元に残っているもの＋現金の形で出ていったもの）と、マネーストック＝銀行から出て世の中をぐるぐる回っているおカネ（正確にはそのうちで銀行に預金の形でいったん戻ってきた分＋現金）の間に「あちらが増えればこちらも増える」という正の相関関係が生じることになるのです。

　このようにして中央銀行は、自分がコントロールできるおカネ＝マネタリーベースの量を操作することで、直接管理しているわけではない、世の中全体のおカネ＝マネーストックを増減させることができるので

第4章　日銀が行う景気対策　119

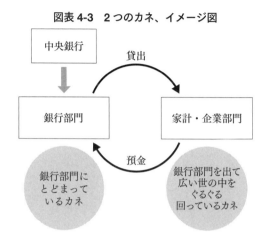

図表4-3　2つのカネ、イメージ図

す。以上をイラストにしたのが図表4-3です。

5　おカネの量と名目利子率の関係

おカネの需要

さて、貨幣にも供給があるならば、需要があるはずです。そこで**貨幣需要**がどうやって決まるのかを考えてみましょう。「あなたはどれくらいおカネが欲しいですか?」と聞かれれば「いくらでも欲しいです!」と答えたくなるところですが、ちょっと待ってください。

ここであなたは、「あなたが持っている(ことにしましょう)利子のつく債券(国債など)の代わりに、

利子がつかない貨幣を（現金の利子は文字通りゼロ、預金にはちょっとくらいは利子がつくわけですが、大した額ではないので、話を簡単にするためにゼロとみなすことにします）いくら持ちたいですか?」と聞かれているのです。そう考えると、こんどは急に、利子がつかない分だけ損だからおカネはできるだけ持ちたくない、いっそのことゼロにしたい、という気がしてきます。

　でも、現金がなければ買えないものもありますし、預金がなければ振り込みや自動引き落としに支障をきたすでしょう。なので、まったく持たないというわけにもいかないのではないでしょうか。

利子率と貨幣需要

　以上の議論には大事なメッセージが隠されています。それは、「貨幣に対する需要は債券についている利子率が高いときほど小さくなるはずだ」ということです。つまり、貨幣需要は名目利子率の減少関数になります。この関係を表したのが図表4-4です。

　図上、右下がりの線が貨幣需要を表しています。よこ軸に需要されるマネーストックの量を取っています。たて軸が名目利子率になっていることに注意してください（一見似ているようで、図表4-2のたて軸が実質利子率になっているのとは違いますね）。

　その理由は先の議論を振り返れば見えてくると思い

図表 4-4　貨幣市場

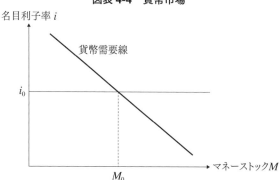

　ます。先の例であなたは「貨幣と債券を比べて」前者をどれだけ欲しいかを聞かれていました。もうけの大小という観点からみると、ただぼーっとおカネを持っていてもおカネは増えません。債券を持っていると名目利子率の分だけおカネが増えます。なので、貨幣需要を決めるのは両者の差である名目利子率なのです。

　なお、貨幣需要を決定する要因としてはこのほかに、GDPに代表されるような経済の取引規模や物価水準があります。取引の量が増えれば必要とされる貨幣の量も増えるでしょうし、モノの値段が上がれば1つの取引あたりに必要とされる貨幣の金額も増えるからです。

中央銀行による利子率操作

　図表 4-4 を使って、中央銀行がどうやって名目利子率を決定するかを説明しましょう。いま、中央銀行が望ましい利子率の水準を図中の i_0 に定めたとします。その利子率のもとでの貨幣需要は図中の M_0 になります。ですから、貨幣の需要と供給が等しくなるためには、中央銀行がちょうど M_0 だけの貨幣を供給してあげればよいわけです。

　このように、まず実現したい利子率の水準を定めて、そのもとで人々が欲しがるだけの貨幣を供給してあげることを通じて、中央銀行は目的を達成することができるのです。

6　利下げ政策

　中央銀行はときに利子率の水準を変更します。これが**利上げ・利下げ**です。たとえば中央銀行はこれまで利子率を i_0 に設定していたのを、より低い i_1 に変更したいと思ったとしましょう。つまり利下げですね。図表 4-5 は図表 4-4 にこの新しい水準を表す破線を付け加えたものです。これまでは M_0 の貨幣を供給することでちょうど貨幣の需要を満たしていました。いま利子率を i_1 に変更すると、貨幣需要は図の M_1 に増加します（利子率が下がると債券の魅力が相対的に落ちるので、貨幣に乗り換えようという人たちが出てくるわ

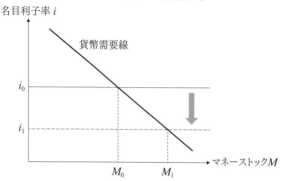

図表4-5 利下げと貨幣市場

けです)。ですので、それに合わせて中央銀行の貨幣供給も M_1 に増加させなくてはなりません。このとき、貨幣の需要と供給は再び一致します。

つまり利下げ政策とは、利子率が下がるように中央銀行が貨幣の供給を増やす政策だといえます。ですからこれを「**金融緩和**」と呼ぶこともあります。利上げは貨幣供給の減少を伴うので「**金融引き締め**」です。

7 利下げが総生産に与える影響

利下げと投資需要

利下げは景気に影響を与えます。それはこの章の前半で見たように、投資需要が利子率の影響を受けるからです。図表4-6では図表4-2でみた投資関数を再び

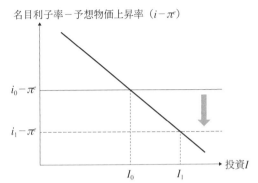

図表4-6 利下げと投資需要

描いています。もともと名目利子率の水準は i_0 であったとしましょう。すると実質利子率はそこから予想物価上昇率を差し引いた水準 $i_0 - \pi^e$ に決まります。これが図中の水平の実線で表されています。このとき、図の上で投資需要は I_0 に決まっています。

いま利下げ政策が発動されて、名目利子率が i_1 に引き下げられたとします。なおここから先の議論を通じて、予想物価上昇率は変わらないものと想定します。すると、実質利子率も同じだけ低下して、$i_1 - \pi^e$ になります。すると投資は I_1 に増加することがわかります。つまり利下げによって銀行借り入れに伴うコストが下がったので、企業は以前よりも多くの投資をするようになったのです。まんじゅう屋のおじさんのうれしそうな顔が目に浮かびますね。

第4章 日銀が行う景気対策　125

図表4-7　利下げと総生産

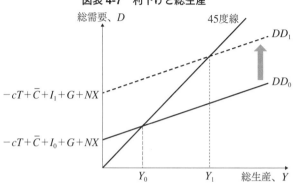

利下げと総生産

投資需要の増加は総需要の拡大ですから、総生産の増加、つまり景気の好転をもたらします。このことを説明したのが図表4-7です。

この図では第3章でみた財市場の **45度線分析** を再び取り上げています。政策発動前の投資は I_0 でした。これに対応しているのが図中に実線で描かれた DD_0 です。そのもとで総生産は Y_0 に決まっています。

いま、利下げがされると投資は I_1 に増大するので、DD線の切片が大きくなって、線全体が上のほうに平行移動します。これが破線 DD_1 です。その結果として総生産も Y_1 に増加しています。なお、投資の増加による可処分所得の増加は家計の消費需要を刺激して、投資の増加幅以上の総生産の増加をもたらしま

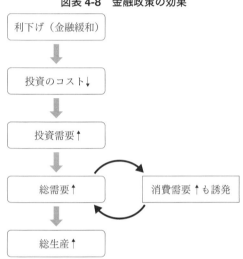

図表 4-8　金融政策の効果

す。つまり投資の増加幅 I_1-I_0 に比べて、総生産の増加幅 Y_1-Y_0 のほうが大きくなっています。この点は、第3章で見た財政政策の効果と似た面があるといえます。

以上の話の流れをイラストにしたのが図表 4-8 です。

8　その他の金融要因と総生産の変動

以上、対象を金融政策に限って、金融的な要因が総生産に与える影響を見てきました。しかし、金融市場

は利子率を介した経路以外からも景気に影響を与えます。そのことは日本では1990年代後半の銀行危機以来、世界的に見ても2000年代後半の世界金融危機（リーマン・ショック）以降、多くの人々が痛切に感じてきた点でもあります。

経済の金融面が実体面に直接悪影響を与える典型的なケースとして、金融機関の貸出態度の悪化を挙げることができます。これは日本では**「貸し渋り」**という用語で知られているものです。銀行自身の経営に不安が生じて、貸出によってさらなるリスクを取る余力がなくなったときに生じます。

借手が家計である場合について言うならば、銀行が気軽に自動車ローンを組んでくれないようなときには新車を購入する人は減るでしょうし、教育ローンを借りにくくなれば入学金や授業料を払って進学しようとする人は減るでしょう。企業について言うならば、多くの日本企業、特に中小企業は銀行からの借入に頼って投資を行っています（例に出てきたまんじゅう屋のおじさんのように）。そこで銀行が何らかの理由で貸出を渋るようになると投資は減少せざるを得ないことになります。

9 利子率の下限と非伝統的金融政策

利子率には下限がある

　この章の第7節で説明したような、貨幣供給の増減を通じて利子率を操作し、それによって経済に影響を与えようとする政策を「**伝統的金融政策**」と呼びます。かつては本書のような入門レベルの本ではこのタイプの政策だけ説明すれば事足りたのです。ところが日本では1990年代末からほとんどずっと、この政策が機能していません。それは利子率が下限、つまりそれより下げられない所まで来てしまって、利下げの余地がなくなってしまったからです。

コールレートとその下限

　図表4-9は日本のコールレートの2005年以降の推移を示したものです。**コールレート**とは銀行間でのごく短期の貸し借りに適用される利子率です。日銀が利上げや利下げを行うときにはまずこの利子率を変化させ、そこを起点にすべての利子率に影響を及ぼします。

　コールレートは第4節でも触れた銀行準備の制度と深いかかわりがあります。いまここに、たまたま手元に余った資金を持つ銀行があるとしましょう。この銀行はこの余りをほかの銀行に貸してコールレート分の

図表 4-9　日本の利子率（コールレート〈年率〉）の推移

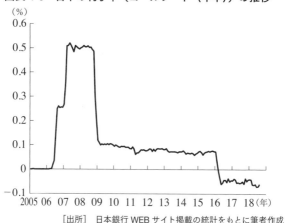

［出所］　日本銀行 WEB サイト掲載の統計をもとに筆者作成

稼ぎを得ることができます。あるいは日銀に預けて、銀行準備につく利子率を（それがゼロでなければ）稼ぐこともできます。この利子率を「準備預金付利」、しばしば略して「付利」と呼びます。コールレートが付利を下回ったらこの銀行はほかの銀行に貸すことはしないでしょう。このため、付利が（ほぼ）コールレートの下限となります（ほぼ、というのはあいまいな言い方ですが、これは日銀に準備を預ける資格のない金融機関も少し存在するからです）。

下限にはりついた日本の利子率

さて日本は大昔から低金利だったわけではありませ

ん。1990年代初めには、その頃問題になっていた株価や地価の「バブル」を退治しようとした日銀が金融引き締めに動いていたことを反映して、コールレートは8％を超えていたのです。それが変わったきっかけは1990年代、バブル崩壊後の不景気に対応するため日銀が利下げを繰り返したことでした。1999年にはついにゼロ金利政策に踏み切ります。これはコールレートをゼロにする政策でした。当時は銀行準備には利子が付かなかったので、コールレートは下限に達したといえます。

その後少し景気が上向いたのを受け、図表4-9に見られるように2006年にゼロ金利はいったん解除されます。しかしリーマン・ショックを受けて日銀は再び利下げに動きます。これがプロローグの切り抜き③に出ていた時期です。日銀はこの頃から銀行準備に0.1％の付利を払うようになりました。図表4-9はコールレートがこの率にほぼ張り付いたことを示しています。

伝統的金融政策の限界

利子率が下限にはりついたということは、伝統的金融政策で景気をよくしようとすることはできなくなったということを意味します。それでも日本経済は低迷を続けていたので、日銀は「何かする」ことを多くの人から求められていました。そこで編み出されたのが

数々の「**非伝統的金融政策**」でした。ここではその中から、特に注目されることの多い2つの政策を取り上げましょう。

非伝統的金融政策①——量的緩和

1つ目が「**量的緩和**」政策です。これは日銀が「おカネを増やす」政策だと説明されることが多いです。間違いではありませんが、先ほど見たように、おカネには実は2種類あるのでしたね。この2つをマネタリーベースとマネーストックというのでした。量的緩和の話の場合、増やすと言っているのはどちらのおカネの話でしょうか。

量的緩和はマネタリーベース、つまり日銀が銀行部門に出して銀行部門にとどまっているおカネを出す政策です。ですからこの政策はマネーストック、すなわち世の中をぐるぐる回っているおカネを増やすことを直接の目的としたものではありません。特に2013年に始められた「量的・質的緩和政策」の一環としてマネタリーベースをたった2年間のうちに2倍に増やすことが決められてから、日本のマネタリーベースは急激に増加したのです。

第4節で説明したように、通常は、マネタリーベースが増えればマネーストックも増えます。ただ思い起こしてみると、その話には1つの前提がありました。

それは銀行は、手元の銀行準備が増えると、ろくに

利子もつかないものを抱えているのは損だから、できるだけすぐにそれを銀行部門の外に貸し出そうとするということでした。ところが、市場の利子率が最低水準にはりついてしまうと、銀行にとっては資金を日銀の口座に寝かせておいても、外で運用しても、もうけは同じになってしまいます。このため、日銀が銀行にせっせとおカネを供給しても、銀行はそれをわざわざ外で運用することはなく、自分が日銀に持っている口座に積んでおくだけということになるのです。

　このような事情からこの政策の下ではマネタリーベースは増えましたがマネーストックは目立っては増えませんでした。ですから当時皆さんが、自分の手元に回ってくるおカネが特段増えたように感じられなかったとしたら、それは気のせいではありません。

　このように量的緩和は利子率を下げるわけでもなく、マネーストックも増やしません。そのような政策にどのような効果があるのでしょうか。実はその答えは理論的にはまだあまりよくわかっていません。ただ、人々の将来予想を楽観的にして経済活動を刺激する効果があったのではないかと言われています（将来のインフレ率について人々が持つ予想の変化が足元の経済に与える影響については第6章で議論します）。

非伝統的金融政策②──マイナス金利
日銀は 2016 年になって「**マイナス金利政策**」とい

う、かつては考えられなかったような政策を始めます。これは銀行準備の一部にマイナス0.1%という付利を設定するものです。つまり、銀行があまりたくさんのおカネを日銀に預けっぱなしにしていると損をするようにしたのです。これを受けて、図表4-9に見られるようにコールレートもマイナスになっています。

つまり銀行間の貸し借りでは、いまや貸したほうが損をするようになっています。それくらいだったら現金で持っていればいいじゃないかと、実は私なども思います。しかしどうやら銀行にとって現金とは、保管費用や輸送費用などの面で、さほど便利なものではないようです。ちょっとくらい損でも、現金で持つよりも日銀に預けておいたほうがいい、と思うものらしいのです。

この政策は市場の利子率を押し下げますから、景気刺激効果が期待できます。ただ実際には、マイナス幅が微々たるものだったため、あまり大きな効果は出ていないようです。

それならばさらに付利のマイナス幅を大きくしてやればよいように思えます。ただ、あまりマイナス幅が大きくなってしまうと、さすがの銀行も日銀に預けておくのがばかばかしくなって現金に乗り換えてしまうかもしれません。そうなると付利をさらに押し下げても効果がなくなってしまいます。では、コールレートはどこまでマイナスにできるのでしょうか？ そこは

まだ未知の世界です。これからの研究に期待したいと思います。

COLUMN

銀行危機（1997〜98 年）と中小企業

　日本の「失われた 20 年」の中でも 1997〜98 年に発生した銀行危機の時期は、リーマン・ショック時に次いで日本が苦しんだ時期だったといえるでしょう。多くの金融機関が不良債権を抱えて経営難におちいります。そのうちいくつかは破たんしました。こうした金融機関はその本来の機能、つまり多少のリスクを取ってでも有望な貸出先を発見して資金を提供するという役割を果たすことが難しくなりました。つまり本文中で触れた「貸し渋り」が大規模に発生したのです。このため特に困ったのが、銀行からの借り入れ依存度が高い中小企業でした。

　この当時の状況を日銀が「短観」と呼ばれる企業へのアンケート調査の一環として作成した「金融機関の貸出態度判断 DI」をもとに振り返ってみましょう。このアンケートでは回答企業に金融機関の貸出態度について尋ね、「1. 緩い」、「2. さほど厳しくない」、「3. 厳しい」の 3 つの中から選んでもらっています。図中の数値は「1 を選んだ企業の割合（パーセント）」－「3 を選んだ企業の割合（同）」を表しています。ですからこの数値が大きいほど、貸出態度が緩いと感じている企業が多いことになります。

　図表 4-10 はこの数値が 1980 年代末から 1990 年代初めのいわゆる「バブル崩壊」の時期に大きく下がっていることを示しています。つまり貸出態度はそれまでより厳しくなったわけです。それでもまだ数値はプラスですし、そのあと 1990 年代中盤はいく

らか盛り返してきています。

　これが再び大幅に落ち込んだのが銀行危機の時期でした。数値は 1997 年 9 月の 9 から 1998 年 3 月の − 19 へと一気に落ち込んでいます。この貸し渋り問題によって充分な資金を得られなくなった企業は投資を削減します。そしてそのような総需要の減少は日本を厳しい不況へとおとしいれたのです。

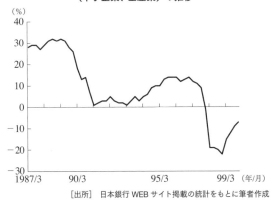

図表 4-10　日銀短観金融機関の貸出態度判断 DI
（中小企業、全産業）の推移

［出所］　日本銀行 WEB サイト掲載の統計をもとに筆者作成

COLUMN

中央銀行仮想通貨

　この章の最後で、マイナス金利政策について議論しました。そこから、利子率に下限がある、つまり少しくらいならマイナスにできるけれどあまり大幅なマイナスにはできないことがわかりました。その理由は現金があるからでした。現金という利子率ゼロの資産を人々が持つことができる限り、債券などの利子率はそれを大幅に下回ることはできません。

　そうだとすると、金融政策の限界を解消するための1つの方法は、現金にもマイナスの利子率をつけることだということになります。たとえば現金にマイナス10％の利子をつける、つまり現金を持っているとその名目価値が毎年10％ずつ目減りするようにすれば、債券などの利子率の下限もそのあたりまで低下するはずです。

　このアイデアは昔からあったのですが、最近までは技術的な理由から困難だと思われていました。その思い込みを大きく変えつつあるのが、仮想通貨の登場です。

　仮想通貨というのはなかなか便利なものだから、中央銀行もこれを発行すべきだという考えが広まっています。これを「中央銀行仮想通貨」と呼びます。この構想が実現して、しかも、これまで現金で行われていたすべての取引がこれを使って行われるようになったとしましょう。そうなれば、紙幣や硬貨はいらなくなるはずです。そうしておいてから、中央銀行仮想通貨にマイナスの利子率をつける、つまりその名目価値が次第に目減りするようにすることは技術的に難しいことではないでしょう。

　こういったアイデアはあまりに斬新なので、研究者の間でもまだ議論が始まったばかりです。ただ、中央銀行仮想通貨を発行すべきか、という1点に限っては、すでにスウェーデンの中央銀行が研究を進めています。この問題については数年以内に劇的に状況が変わる可能性があるのです。

第 **5** 章 円安・円高と
景気の波

円高や**円安**が日本のマスコミでまったくニュースにならない日はないかもしれません。特に円高になると、「これで輸出が減ってしまう、日本の景気もおかしくなってみんなの生活が苦しくなるだろう、さあ大変だ」という論調が強くなるような気がします。そういった傾向のウラには、日本は外国にモノを輸出して稼いでいる国だという強烈な意識がひそんでいるように思います。

　この章ではこの円安とか円高といった、**為替レート**に関する話題を取り上げます。円高に対する多くの人々の否定的な反応を見れば、多くの人が円高になると景気は悪くなり、円が安くなると景気はよくなると思っていることがわかると思います。それはどのような根拠に基づいているのでしょうか。また、円はどういうときに安くなったり高くなったりするのでしょうか。為替レートと金融政策の関係についても考えていきたいと思います。

1　モノの取引と為替レート

為替レートとは

　読者の皆さんの中には何度も海外旅行に行ったりして、為替のことはよく知っているという方もおられるかもしれません。でも念のため、基本的なところから話を始めます。為替レートとはある国のおカネ（たと

えば日本の円）と別の国のおカネ（たとえば米国のド
ル、ユーロ圏のユーロ、中国の人民元など）の間の交
換比率のことを指します。多くの皆さんにもっともな
じみがあるのは円とドルの間のレートだと思いますの
で、この章では主にこのレートを例に使いながら説明
していくことにしましょう。

　このレートは新聞やテレビのニュースなどで普通、
「1ドル＝○○円」という形で報道されます。例えば
昨日のレートが1ドル＝100円だったとすると、それ
は1ドルを（銀行の窓口などで）差し出すと、それと
引き換えに100円を渡してくれるということを意味し
ています。もちろん1円＝0.01ドルと言っても同じこ
とですが、なぜか習慣として、あまりそういう言い方
はしないようです。

　この章ではあるモノの外国での価格を日本での価格
と比べるという話が何度も出てきます。米国のモノは
ドルで、日本のモノは円で表示されていますから、2
つの数値をそのまま比べてもあまり意味がありませ
ん。ですから米国のモノの価格を円換算してから比べ
ることになります。そのために使うのが次の換算式で
す。

$$
\begin{pmatrix} 米国のモノの \\ 円換算された \\ 価格 \end{pmatrix} = \begin{pmatrix} ドル円 \\ レート \end{pmatrix} \times \begin{pmatrix} 米国のモノの \\ ドル表示され \\ た価格 \end{pmatrix}
$$

たとえば米国製のパソコンの価格が1000ドルで、ドル円レートが1ドル＝100円だとしましょう。このとき、同じものの円換算された価格は「100×1000＝10万」なので、10万円だということになります。

円高・円安とは

次に、新聞などでよく目にする円高・円安についてみておきましょう。もともとドル円レートは1ドル＝100円だったとしましょう。それが今日になってみたら1ドル＝110円に変わっていたとしましょう。これは円で測ったドルの価値が上がったことを意味していますからドル高です。裏から見るとドルで測った円の価値が下がっていますからこれは円安です。反対に1ドル＝90円になっていたら円高・ドル安になったといえます。

為替と財の取引

円高や円安はさまざまな経済活動に影響します。真っ先に頭に浮かぶのは輸出と輸入、つまり外国貿易です。以下に見るように、円安は日本から外国へと財を輸出している企業に恩恵をもたらします。円高は外国から日本への輸出、つまり日本側から見た輸入を増やす傾向があります。

貿易される財の価格はドル表示で表されることが多いです。米国との取引はもちろんのこと、国内ではド

ルを使わない日本と中国の間のような場合でも、ドル
で価格が表示されることが多いのです。このこと自
体、考えてみれば不思議で、解き明かされるべき謎な
のですが、ここではこのミステリーには立ち入らない
ことにします。これ以降、輸出・輸入されるすべての
財はドル建てで価格表示されることを前提に話を進め
ます。

　さらにこの第1節では、いったんドルを単位として
設定された財の価格は短期的には変わることがないも
のと想定します。例として日本から米国に自動車が輸
出されているものとしましょう。自動車の値段は1台
あたり1万ドルです。米国から日本へはオレンジが輸
出されているものとしましょう。オレンジは段ボール
1箱で100ドルです。

（例1）　今年のドル円レートは1ドル＝100円だとし
てみましょう。日本から米国に輸出される自動車の価
格は円に直すと100万円ということになります。米国
から日本に輸出されるオレンジの価格は円建てにする
と1万円です。

（例2）　今年のレートはもうちょっと円安・ドル高
で、1ドル＝110円だとしてみましょう。日本から米
国に輸出される自動車の価格はドル建てでは1万ドル
のままですから、米国の消費者から見た値段は例1と
変わりません。このことから、米国の市場でほかの要
因による変化がない限り、日本車の販売台数は変わら

ないと考えてよいでしょう。つまり、輸出数量には影響がないのです。

　その一方で日本の自動車メーカーのもうけに直結するのはドル表示の価格のほうではなく、円建てに直した価格のほうです。これは例1と比べると値上がりしていて、110万円になっています。このように、売れる自動車の台数は変わらないのに、1台ごとの価格が上がっているわけですから、メーカーにとっては収入が増えて、利潤も増えます。これは、とてもありがたい話なのです。

　一方、米国から日本に来るオレンジについてはどうでしょうか。こちらも、ドル建ての価格は1箱100ドルのままです。ただこれを円表示に直すと、日本国内での価格は1万1000円と、例1に比べると値上がりしています。つまり、日本の消費者にとっては米国製のオレンジの価格は高くなっているのです。ですので、消費者は米国製オレンジの購入量を例1と比べると減らすでしょう。これは日本の輸入数量が減少することを意味します。このように円安は、輸入価格（円建て）を上昇させるいっぽう、輸入数量を減少させる効果を持つのです。

　以上を整理すると、為替レートの水準がより円安になると、

　　【輸出側】　数量：不変、価格（円建て）：上昇

【輸入側】　数量：減少、価格（円建て）：上昇

　したがって価格変化を無視して数量ベースで考えた貿易収支（つまり実質純輸出）は改善することがわかります。問題は円建て価格の変化まで考えに入れた場合の貿易収支、つまり、

　　（名目純輸出）
　　　＝（円建て輸出価格）×（輸出数量）
　　　　－（円建て輸入価格）×（輸入数量）

がどうなるかです。

　まず輸出価格、輸入価格がともに10％上昇しています。仮にスタート時点で名目純輸出がゼロだったとすると、これら2つの効果はお互いを完全に相殺しあうことが証明できます。そうすると、残されたのは輸入数量が減少する効果だけです。このことから名目純輸出も改善することがわかります。このようにして円安は純輸出（実質、名目とも）の好転をもたらすのです。

円安の主な恩恵は輸出側に

　以上を損・得の観点からまとめましょう。上の例でいえば、円安で恩恵を受けるのは日本製自動車の生産者です。現実にも日本は多くの自動車を輸出していま

すし、半導体、機械、鉄鋼なども輸出していますから、これらの生産者が得をする人たちだといえます。増えたもうけをもし企業が配当に回せば株主も喜びますし、給料を上げてくれたらその会社で働く人は潤うでしょう。

円安の主な不利益は輸入側に

円安で損をするのは上の例では米国製オレンジを買いたい消費者です。もちろん現実には、消費者が手にする輸入品はほかにもたくさんあります。たとえば、円安で中国製のシャツの日本での値段が上がれば、それを買っている消費者には不利益が及びます。また、日本はオレンジだけでなく、小麦、大豆、とうもろこしなど、多くの農産物を輸入に頼っています。たとえば米国産牛肉の価格が上がって最初に損をするのは牛丼店でしょうが、彼らがこらえきれずに値上げに踏み切れば、牛丼が大好きな消費者も困ることになります。

輸入企業の国内ライバルは円安だと助かる

なお、これらの輸入品と競争している国内の生産者からすれば、これらは悪い話ではありません。たとえば米国製オレンジと競合する日本のみかん農家からすれば、オレンジが高くなれば日本の消費者はオレンジを買うのを減らしてみかんをより買ってくれるでしょうから、助かります。同じように、いまも中国製シャ

ツに対抗してがんばっている国内のシャツメーカーからすれば、ライバルである中国の製品が売れなくなれば、それだけ自社製品を売るチャンスが拡大することになるので、彼らは円安の恩恵を受けるのです。

円安で最も困ること

日本が一番輸入に頼っているのは原油や天然ガスなどです。円安になると、こういったものの円で表示された価格が上がります。すると、まずはこれらを原材料やエネルギー源とする企業が困ります。

大きいところでは電力会社、より身近にはガソリンや軽油を使うタクシー会社、バス会社、トラック運送会社などが頭に浮かびます。それで電力料金や運賃・配送料が値上がりすれば消費者にとってもマイナスです。それにガソリンの値上げはマイカーを運転する消費者を直撃します。

為替とサービスの取引

サービスの取引についても見ておきましょう。何度か海外旅行に行ったことのある方は為替のインパクトを体感した経験をお持ちかもしれません。米国に旅行する日本人はドル建てで買い物をしたり、ホテル代を払ったりします。たとえば円安が10パーセント進んだ場合、これらすべてが、円を単位としてみると、10パーセント値上がりしたのと同じことになりま

す。いきおい、みやげ物屋でも財布のひもが固くなるのではないでしょうか。これは日本へのサービスの輸入が、数量としては減ることを意味しています。

反対に、円安のときに日本に来た米国人観光客はラッキーです。彼らは日本国内でホテル代を払ったり、観光施設の入場料を払ったり、買い物をしたりします。これらの価格は、この章でこれまで見てきた国と国の間で貿易される財のケースと違って、円で表示されることに注意しましょう。米国人の目から見ると10パーセントの円安は日本国内のモノすべてが10パーセントオフになったのと同じですから、喜んでたくさん買い物をしてくれると思います。

このように円安は、貿易収支だけではなく、サービス収支も改善させる効果を持ちます。また、同じ日本の国内でも損をする人（海外旅行に行く日本人観光客など）と得をする人（日本で旅館を経営する人など）のコントラストがはっきり表れるところも、よく似ているのです。

2 資産の取引と為替レート

為替レートの2つの顔

さて、為替レートには2つの顔があります。1つ目は、以上見てきたような、国と国の間のモノやサービスの相対的な価格に影響する変数としての顔です。2

つ目は国と国の間で取引される資産、例えば国債や社債の相対的なもうけに影響する変数としての顔です。ですから、円安・円高は外国と資産を取引している人や企業にも大きな影響を与えます。

たとえば日本の企業が海外子会社の株式や外国の土地などを売り買いしているケースや日本の金融機関が外国の国債や社債を売り買いしているケースが頭に浮かびます。一方で日本の企業は外国人に株式や社債を買ってもらったりしています。ここでは、この2つ目の顔がどんな顔かを、詳しくみていきましょう。

為替変動と外国資産の取引

外国資産の代表例として、米国債を考えることにしましょう。この債券は通常、ドル建てで価値が表されています。ここでは米国債1枚の値段は1ドルだと仮定しましょう。これを1年間持っていると、あらかじめ決められた利子率にしたがって、利子が支払われます。たとえば利子率が1パーセントだったら、元本プラス利子で1.01ドルが支払われることになります。

これを買うのが米国の企業や金融機関だったら、彼らにとって問題になるのは利子率の大小だけです。ところがこれを日本の企業や金融機関が買う場合には、ちょっと事情が違ってきます。彼らが気にするのはドル建てでいくら稼げるかではなく、円で見たもうけです。ですから彼らにとっては、利子の大小だけではな

く、この米国債を1年間じっと持っている間にドル円レートがどう動くかが問題となります。

為替差損と為替差益

ある日本の金融機関、「ヒノマル銀行」が今年、1枚の米国債を1ドル出して買ったとしましょう。この銀行は来年になったらこれを売るつもりでいます。今年の為替レートは1ドル＝100円だとすると、この銀行は100円を出してこれを買うことになります。再び利子率を1パーセントとすると、来年には1.01ドルが手に入ります。もし為替レートが来年も変わらず1ドル＝100円だったら、今年払った100円に1円のもうけがついてくることになります。

一方、今年から来年にかけて円安ドル高が進んで、為替レートが1ドル＝110円へと円安になったとしましょう。（110－100）/100＝0.1ですから、円はドルに対して10パーセント安くなったことになります。これを円がドルに対して10パーセント「**減価**」したといいます。このとき、米国債1枚の円で見た価値は110円に上がっています。それだけこの銀行は、為替レートの変動で得をしたことになります。これを「**為替差益**」を得たといいます。

反対に為替が円高に振れて1ドル＝90円になったとしたらどうでしょうか。このとき円はドルに対して10パーセント高くなった、つまり「**増価**」したこと

になります。米国債1枚の円で見た価値は90円に減ります。この場合には持ち主は為替レートの変動からは損をする、つまり「**為替差損**」をこうむることになります。

このように、外国資産を買うときには利子率だけを見るのではなく、為替差益や差損を含めたトータルでもうけを考える必要があるのです。

3 為替レートの落ち着き先の決まり方

裁定取引とは

では為替レートはどのように決まっているのでしょうか。話の進め方が逆のように感じるかもしれませんが、為替レートが長期的に落ち着く先の話からまず始めたいと思います。その軸となるのは、長い目で見ると、同じ財であればどこの国で買っても同じ値段になるはずだという考え方です。

たとえば同じ液晶テレビが米国では1000ドル、日本では10万円で売られているとしましょう。それなのにいま、1ドル＝10円という為替レートがついているとしましょう。すると米国での値段は円建てに直すと、たった1万円、つまり日本の値段の10分の1になってしまいます。これは楽して大もうけできるチャンスです。業者や個人はこぞって米国でテレビを買いあさり、日本で売ろうとするでしょう。もしすべての

モノについて米国での値段が日本の 10 分の 1 だったら、同じような取引が大規模に起きることでしょう。

このように、2 つの市場の間で価格に差があるときにそれを利用してもうけようとする行動のことを「裁定取引」と呼びます。シルクロードを通じた交易が盛んだった時代、あるいは大航海時代の昔から、商人たちは命がけの裁定取引に挑んできました。彼らはそういった冒険を通して、世界各地の間の価格の差を縮めることに結果的に貢献してきたのです。

モノの裁定取引は値段を均等化する

さて、この場合、猫も杓子も大挙して米国でモノを買おうとするわけですが、米国で買い物をするにはドルが必要です。そこでみんないっせいに外国為替市場で円を売ってドルを調達しようとします。すると市場では円の価値が下がってドルの価値が上がります。つまり為替レートは円安・ドル高方向へと動いていきます。そうすると円建てで見た米国の液晶テレビの値段は上がってきます。

物価水準の差が縮小して裁定取引のうまみが減ってくるわけです。この調整は 2 つの市場の間で値段の差がある限りは続けられ、だんだん差はなくなってきます。こうして最終的には、同じモノは米国で買っても日本で買っても同じ値段、というところに落ち着くのです。

このように考えてくると、為替レートは長期的には国の間でモノの値段が一致するような水準に決まると結論付けられます。

購買力平価説

円換算したモノの値段が米国と日本で同じ、とは、式で言うと、

$$\begin{pmatrix} ドル円 \\ レート \end{pmatrix} \times \begin{pmatrix} 米国でのモノの \\ 値段 \end{pmatrix} = \begin{pmatrix} 日本でのモノの \\ 値段 \end{pmatrix}$$

となることを意味します。この式を読みかえると、「為替レートは物価の比で決まる」と解釈することもできます。こうした考え方を**購買力平価説**と呼びます。式にすると、次のように書くことができます。

長期為替レートの決定式（購買力平価説）

$$\begin{pmatrix} ドル円 \\ レート \end{pmatrix} = \begin{pmatrix} 日本でのモノの \\ 値段 \end{pmatrix} \div \begin{pmatrix} 米国でのモノの \\ 値段 \end{pmatrix}$$

となります。

この考え方によれば、日本の物価が米国に比べて高くなれば、長期的に円はより安くなります。反対に日本の物価が米国に比べてより安くなれば、長期的に円はより高くなります。

この理論を先ほどの液晶テレビの例に当てはめてみましょう。同じテレビの値段が米国では 1000 ドル、

日本では 10 万円でした。上の式に当てはめると、長期的な為替レートの水準は、

$$（ドル円レート）＝ 10 万 ÷ 1000 ＝ 100$$

つまり 1 ドル 100 円となります。

　もちろん、実際にはモノを運ぶには輸送費用がかかりますし、米国のテレビを日本で使うには仕様の変更や取扱説明書の日本語訳なども必要でしょう。ですので、購買力平価説が現実に完全に当てはまるとまでは言えません。それでも、為替レートのだいたいの落ち着き先を考えるにはこの理論はとても役に立ちます。

4　いまの為替レートの決まり方

長期の為替レートから短期の為替レートへ

　前節の話から、為替レートの 2 つの顔のうち、将来の落ち着き先を決めるのは第 1 の顔のほうだということがわかりました。これを受けてここからは、現在の為替レートがどう決まるのかを考えていきましょう。そこでは第 2 の顔、つまり国と国の間で資産がもたらすもうけの差に影響するものとしての為替レートの役割が重く見られることになります。

　短期の話は長期の話と無関係ではありません。それどころか、短期の為替レート理論の出発点は、人々は

長期の為替レート理論をもとに、だいたい「為替レートの将来的な落ち着き先をわかっている」というところにあります。「だいたい」とぼやかしているのは、それぞれの国の将来の物価水準を完全に知ることはできないからです。

ただ「将来的な」とか「だいたい」とかいう、あいまいな前提を用いていると、かえって説明が難しくなるおそれがあります。そこで話をわかりやすくするために、ここでは1つの大胆な単純化の仮定を置きます。それは人々は「来年の為替レートを完全に知っている」というものです。

> 仮定：来年の為替レートはすでに決まっていて、市場参加者はみなその値を知っている。

もちろん、現実の人々はそこまで全知全能ではありません。しかし、みんなで落ち着き先のイメージをある程度共有しているという状況を、こういった極端な形でもいいので、形にして表しておくことはこれからの議論にとって有益なのです。のちほど、一通りの議論が済んだあとで、人々が予想する来年の為替レートが変化したらどうなるのか、ということについても考えてみたいと思います。

資産の裁定取引：例による説明
ここから先は少し話が混み入るので、例を使って皆

さんにイメージを伝えようと思います。ここでまた、ヒノマル銀行に登場してもらいましょう。来年の円ドルレートについては次のように仮定します。

（仮定）　来年は1ドル＝100円になることを皆知っている。

　さてヒノマル銀行は来年、100円分の支出をする予定があります。そこで来年になったらちょうど100円が手元に入ってくるような資金の運用をしたいと考えています。その手段としては日本国債と米国債の2つがあります。

　例1として次のような状態を考えましょう。

（例1）　日本国債の利子率＝1％、米国債の（米ドル建ての）利子率＝2％。今年のドル円レートは？

　この場合、来年ちょうど100円を得るためには、今年は日本国債だったら約99円分を買わなくてはならないことになります。なぜなら99円に1％の利子が付くとだいたい100円になるからです（99×1.01＝約100）。一方、来年100円＝1ドルを得るためには今年は米国債だったら約0.98ドル分を買わなくてはいけません。なぜなら0.98×1.02＝約1だからです。ヒノマル銀行はどちらのほうがお得かを比べることになります。

　以上のストーリーをイラストにまとめたのが図表

図表5-1 ヒノマル銀行頭取の資金運用戦略

目標：来年までに100円貯めるぞ！
前提：来年のレートは1ドル＝100円

（戦略1）日本国債を買う（利子率＝1％）

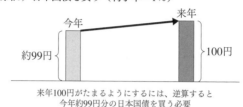

来年100円がたまるようにするには、逆算すると
今年約99円分の日本国債を買う必要

（戦略2）米国債を買う（利子率＝2％）

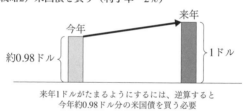

来年1ドルがたまるようにするには、逆算すると
今年約0.98ドル分の米国債を買う必要

戦略1と2、どっちがお得？？

5-1です。

短期の為替レートの決まり方

仮に今年、99円のほうが0.98ドルよりも割高だとしましょう。そうすると、ヒノマル銀行は米国債だけ買って、日本国債は買おうとしないでしょう。反対に99円のほうが0.98ドルより割安だったら、ヒノマル銀行は日本国債だけを買って、米国債は買おうとしな

いでしょう。同じことは、日米問わずすべての銀行について言えます。誰も日本国債を買わない状態も、米国債を買う人がいないケースも、均衡とは言えません。ですから今年のドル円レートは99円と0.98ドルが同じ価値を持つような水準で決まるはずです。つまり、

（考え方）　今年のドル円レートは、日本国債を買っても米国債を買ってももうけが同じになるような水準に決まる。

　こうなる理由は、もし仮に日本国債のほうがお得だったらみんなが日本国債を買おうとしてドルを円に換えようとするため、円の価値が上がる（円高になる）からです。円が高くなれば、その円を使わないと買うことができない日本国債も魅力が薄れてきます。先ほどはモノの裁定取引の役割を説明しましたが、ここでは資産の裁定取引が短期的な為替レートを決定するのです。

　さて例1に戻りましょう。99円と0.98ドルが同価値というのは、式で言うと

$$99（円）÷0.98（ドル）＝約101（円／ドル）$$

であることを意味しています。これが今年の為替レー

第5章 円安・円高と景気の波　157

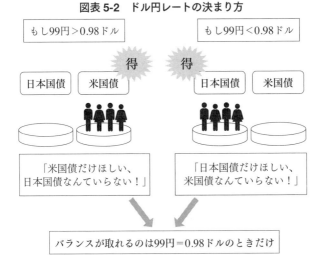

図表 5-2　ドル円レートの決まり方

トになります。

(例1の答え)　今年のドル円レート＝約 101 円

　以上のストーリーをイラスト化したのが図表 5-2 です。

なぜこうなるのか

　この数値例の背後でいったい何が起きているのでしょうか？　今年のレートが1ドル＝約 101 円、来年が 100 円だということは、人々はこの1年間に円高ドル安が進行することを見越していることになります。米

国債の利子率が2パーセント、日本国債が1パーセントというと、一見すると米国債のほうがお得に見えます。しかし一方で、米国債というドル建ての資産を1年間持っているうちに、ドルそのものの価値は落ちてしまうわけです（つまり「**減価率**」は1パーセントです）。その為替差損まで考慮すると、米国債で運用しても日本国債を持ってももうけは同じ、ということになっているわけです。つまり、

「米国債の日本円建て収益率」
＝「ドル建ての利子率」－「ドルの減価率」
＝2パーセント－1パーセント
＝1パーセント

で、日本国債と同じ、というわけです。

5 自国の金融政策と為替レート

日本の利子率が上がると円高になる

例1から、今年のドル円レートを決めるうえで日本の利子率が重要な役割を果たしそうだという感触が得られたと思います。このことを例1の数値を少し変えてみることで確認しましょう。

第5章　円安・円高と景気の波　　159

（例2）　日本国債の利子率が1％ではなく、2％だっ
たら？　米国債の（米ドル建ての）利子率＝2％はそ
のままとする

　この場合に来年ちょうど100円が手元に入ってくる
ようにするには今年は日本国債約98円分を買えばい
いことになります（98×1.02＝約100なので）。これ
に対して米国債を買うなら0.98ドル分、というのは
例1と変わりません。ですから、ドル円レートは98
円と0.98ドルが同じ価値を持つ水準、つまり1ドル＝
100円となるように決まることがわかります（98÷
0.98＝100なので）。

（例2の答え）　今年のドル円レート＝100円。例1
と比べると約1円、円高

円の需要が増えるからくり

　このように日本の利子率が上がると、いまのドル円
レートは円高方向に振れます。そうなる理由を直観的
に説明すると、次のようになります。
　まず、日本の利子率が上がるということは、それだ
け日本国債の魅力が増すということですね。そうなる
と市場参加者は競ってこれを買い増そうとするはずで
す。そのためには円が必要ですから、みんなドルを円
に換えようとします。これは円の需要が増えるという

ことです。多く需要されるものの値段は上がるというのは経済学の基本原理の1つですね。ですから市場における円の価値が上がる、つまり円高が生じることになるのです。

日本の金融政策と為替レート

第4章で説明したように、利子率を決めるのは金融政策です。日銀は金融を引き締めたいときには利上げをし、金融緩和したいときには利下げをします。この章でここまでに学んだことから、こういった政策は為替レートにも影響することがわかります。利上げ政策は現在の為替レートを円高方向に動かします。利下げ政策は足元の相場を円安方向に動かします。

6 外国の金融政策と為替レート

米国の利子率が上がると円安になる

これまで見てきたことを思い起こしてみると、今年のドル円レートを決めるうえでは米国の利子率も重要になりそうです。そこで例1の数値を、さきほどの例2とは別の形で少し変えてみましょう。

（例3） 日本国債の利子率が1%で例1と同じ。米国債の（米ドル建ての）利子率が2%ではなく3%になった。今年のドル円レートは？

この場合に来年ちょうど1ドルが手元に入ってくるようにするには今年は米国債は約0.97ドル分買えばいいことになります（0.97×1.03＝約100なので）。これに対して日本国債を買うなら99円分、というのは例1と変わりません。ですから、ドル円レートは99円と0.97ドルが同じ価値を持つ水準、つまり1ドル＝約102円となるように決まることがわかります（99÷0.97＝約102なので）。

（例3の答え）　今年のドル円レート＝約102円。
例1と比べると約1円、円安。

円安になる原理

このように米国の利子率が上がると、いまのドル円レートは円安方向に振れます。そうなる理由は次の通りです。米国債の利子率が上がってそちらの魅力が増すと、みんながこれを買いたくなります。そのためにドルが必要となって一斉に円を売ってドルを買おうとします。そうすると市場に円が出回るようになるので、ドルと比べた円の値段が下がる、つまり円安が発生するわけです。

外国の金融政策と為替レート

外国の利子率を決めるのは外国の金融政策です。米国だったら、中央銀行である連邦準備銀行（連銀）が

金融引き締めが必要と判断すると、利上げを行います。このとき為替レートは円安・ドル高方向に動きます。連銀が利下げをすれば為替レートは円高・ドル安に動きます。このように、一見遠いことのように思える外国の金融政策は、為替レートを通じて私たちの仕事や暮らしに影響を与えているのです。

7　将来予想も大事

　例1～3では常に、来年のドル円レートは1ドル＝100円とされていました。この想定が変わったらどうなるでしょうか。次のような例を考えてみましょう。

> （例4）　日本国債の利子率＝1％、米国債の（米ドル建ての）利子率＝2％は例1と同じ。来年の円ドルレートが1ドル＝100円ではなく200円。今年の円ドルレートは？

　来年100円が手元に来るようにするには、日本国債だったら99円分を今年買えばよい、というのは例1と同じです。気をつけなければいけないのは米国債の方です。

　来年のレートは1ドル＝200円なのですから、来年100円が手元に入るようにするには、0.5ドルが入ってくればよいわけです（100円÷200円＝0.5なので）。米国債の利子率が2％あることを考えると、今

年買わなくてはならない米国債は約0.49ドル分ということになります（0.49×1.02＝約0.5なので）。

　先ほどから見てきたように、今年のドル円レートは来年同じ金額を確保するために買わなければならない日本国債の額と米国債の額が等しくなるように決まります。この場合には前者が99円、後者が約0.49ドルなので、この2つが等しくなるレートを探せばよいわけです。電卓を取り出して99÷0.49を計算してみたところ、約202でした。ここから今年のレートは1ドル＝約202円であることがわかります。

（例4の答え）　今年のドル円レート＝約202円。例1と比べると2倍の円安。

「円安は待ってくれない」

　例4は、市場参加者が「あ、将来円安になりそうだな」と思っていると、将来を待たずにいまから円安が発生してしまうことを意味しています。なぜそうなるのでしょうか。

　たとえばニューヨークにあるヒノマル銀行の現地法人子会社が多額の円（または日本国債など円建ての資産）を持っているとしましょう。いま、何らかの理由で予想が変わって、来年に大幅な円安が来そうだと、この会社を含めみんなが思うようになりました。だとしたら、そのときまでのんびりと円を抱えていたら大

損してしまいます。いまのうちから円を売り払えと号令をかけることになります。

同じことは、どの市場参加者についても言えます。みんなが円を売りに出そうとするはずですから、円の価値はいまから下がる、つまり円安が起こってしまうのです。いったん起きると思われたら「円安は待ってくれない」（円高もですが）理由はここにあります。

8　為替レートを決める要因

以上、4つの例を通して、為替レートを直接的に決定する3つの要因が浮かび上がってきました。

> 為替レート決定の3大直接要因
> ①自国の利子率
> ②外国の利子率
> ③予想される将来の為替レート

ですから、この3つの直接要因に影響するものなら何でも、為替レートに間接的に影響を与えることになります。どんなものが考えられるでしょうか。

インフレ率と景気
金融政策当局の政策判断（3大直接要因の①）に影響する主な要因として国内のインフレ率と景気を挙げることができます。例えば国内のインフレ率が上がっ

たことがわかったとしましょう。このとき日銀はインフレのさらなる過熱を抑えるために利上げを行うかもしれません。そのようなときには為替レートは円高方向に動くでしょう。あるいは、国内の景気が好転してきたことがわかった場合にも、日銀は景気の過熱を避けるために利上げを行うかもしれません。その場合にはやはり円高が生じるでしょう。

外国の金融政策（3大直接要因の②）についても同じように考えることができます。ただし為替レートに与える効果の方向は反対になります。

将来予想はどういうときに変わるか

では、将来予想（3大直接要因の③）が変わるきっかけはどんなことでしょうか。第3節で購買力平価説から学んだように、為替レートの落ち着き先を決めるのは2つの国の間の相対的な物価水準です。ですから1番目のきっかけとして、両国の物価水準に関する予想が変われば、為替レートに関する将来予想も変わります。例えば日本の物価水準が上がると予想されれば将来の為替レートはいままで思っていたよりも円安方向に動くことが予想されるわけですが、そうなると、「円安は待ってくれない」のでいまから円安を引き起こすことになります。

2番目のきっかけは将来の金融政策に関する予想の変化です。たとえば日銀が来年利下げをするだろうと

思えばそれは将来の円安要因ですから、日銀の行動を待たずに今年から円安になります。また連銀が来年利下げするだろうと思えば来年の為替予想は円高方向に修正されますから、円を買おうとする動きが強まって、いまから円高が生じることになります。

　これまではずっと、市場参加者は合理的に行動するものと考えてきました。しかし実際には、3番目のきっかけとして、市場参加者が必ずしも合理的に予想を立てるのではなく、思い込みによって行動してしまう可能性を考えておかなくてはなりません。先ほどの例4は、しっかりした根拠があろうとなかろうと、ひとたび人々が来年円安が来ると信じてしまえば、本当に円安が（今年）実現してしまうことを示しています。その様子を見た人々は自分の思い込みが本当に正しかったと、ますます自信を深めてしまうかもしれません。このような「予想の自己実現」は為替レートが不安定なものとなっている大きな理由の1つです。

9　その他の要因

　これまでに見てきた3大直接要因以外に、為替レートに影響する要因はあるでしょうか。注意したいのは、例1〜4では数値計算を可能とするためにかなり強い仮定を置いてきたことです。特に次の2つが重要です。

（仮定1）市場参加者は資産を比べるときにそれぞれのもうけ（収益率）だけを気にしている。
（仮定2）市場参加者は将来の為替レートを完全に知っている。

この2つが満たされなかったらどうなるでしょうか。

なお、この本ではこれまで、おカネのことを「貨幣」と呼んできました。しかし国際金融の分野ではなぜか「通貨」という言葉を使うことが多いようです。ここからこの章の終わりまで、おとなしく慣習に従って、「通貨」という用語を使うことにします。

流動性プレミアム

現実の世の中には、便利な通貨もあればそうでないものもあります。多くの金融機関や企業にとって米ドルは便利です。いろいろな通貨と低コストで交換できますし、国際間の取引も米ドル建てのものが多いのです。

いま、市場で2つの国債が売りに出されているとしましょう。1つは米国債です。もう1つはA国という、あまり流通していない通貨を発行している国の国債です。仮に2つの収益率が同じだったらどうでしょうか。全員がより便利な米ドルを入手して米国債を買

うことを選ぶでしょう。ですからA国が自分の国の国債を持ってもらうには米国債よりも高い収益率を約束してあげなくてはなりません。この収益率の差を通貨に関する**流動性プレミアム**と呼びます。ドルの便利さに対する需要はしばしば変動します。この需要が高まるときにはドル高が生じます。

貸し倒れリスクプレミアム

国によっては、政府の債務といえども、貸し倒れリスクを考えたほうがよい場合もあります。たとえば外国からの借り入れに頼りすぎて対外債務残高が（その国の返済能力からみて）膨らみすぎている国を挙げることができます。歴史をひもといても借金を返せなくなって破たんした国の例は多いのです。そのような返済リスクが高い国ほど、自国債を買ってもらうためには買い手に高い収益率を約束してあげなくてはなりません。このリスクが高まったとみられると、その国の通貨への需要は低くなりますから、通貨安が生じます。

変動リスクプレミアム

現実には仮定2は成り立たず、将来の為替レートは不確実です。市場参加者は不確実性を嫌います。ですから、為替レートがいつも大きく変動していて、将来のレートに関する不確実性が高いと思われている国ほ

ど、平均的には高い収益率を約束しないと、自国債を持ってもらえなくなってしまいます。

危機リスクプレミアム

世界には危機時（金融危機、戦争の危機など）に大きく価値を下げてしまう傾向がある通貨と、そんなときでも比較的価値が安定している通貨があります。前者はまさに人々が一番困っているときに頼りにならない通貨といえます。そんな通貨は平時には高い収益率をもたらすことを約束しない限り誰も持ってくれないでしょう。これに対してどうやら日本円は危機時にがんばってくれると思われているようです。こういった通貨を**セーフ・ヘイブン通貨（避難通貨）**といいます。こういった通貨は平均的な収益率が低くてもみんな喜んで持ってくれます。この傾向は世界的危機が近いかもしれないと皆が不安に駆られているときに特に強くなって、こういった通貨は増価することになります。

10　金融政策と純輸出・景気

本章の最後に、為替レートが変化したときに国内経済にどんな影響が及ぶのかを考えてみましょう。

金融政策は為替レートを通じて景気に影響する

金融政策によって為替レートが変化すると、これは純輸出に影響します。日本で利下げ政策が行われて円安が生じた場合を考えましょう。すでにこの章の第1節で見たように、円安は純輸出を好転させます。さらに、純輸出需要は総需要の一部ですから、その増加は総生産を増加させる効果を持ちます。このように、金融緩和政策は円安とそれに伴う純輸出需要増を起こすことを通じて景気を好転させるのです。

すでに第4章で、金融緩和政策は利子率の低下とそれに伴う投資需要増を通じて景気を好転させることを見ました。ここで学んだことから、金融緩和は利子率と為替レートの2つの経路を通じて景気をよくすることがわかったわけです。これら2つの経路を1つのイラストにまとめたのが図表5-3です。

その他の要因による為替変動も国内景気に影響する

外国の金融政策も為替レートを通じて国内景気に影響します。先ほど見たように、連銀が利下げをすると円高・ドル安が生じます。これは日本にとっては純輸出を減少させますから、景気を悪化させる要因といえます。

それ以外の要因、つまり為替の先行き予想や各種プレミアムの変化が原因で円高・ドル安が生じた場合についても同じことが言えます。たとえば人々の予想レ

図表 5-3　自国の金融政策の効果：2つの波及経路

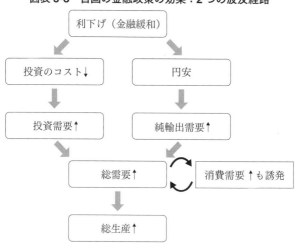

ートが急に円高方向に振れると、「為替は待ってくれない」ので現時点で円高が生じますが、これはやはり国内の景気を冷え込ませます。

COLUMN

セーフ・ヘイブン通貨と円高不況

　日本円がセーフ・ヘイブン通貨と見なされているということは、世界の人々から「困ったときに頼りになるやつ」と思われているということですから、本来は喜ぶべきことなのでしょう。ただ、我々日本人からすると、これがときにありがた迷惑というか、思わぬ災難をもたらすことがあります。

　第4章でも述べたようにリーマン・ショックは輸出減を通じて日本経済に大きなダメージを与えました。実際、日本のGDPの落ち方は先進国で一番大きかったのです。通常こういった場合、経済の落ち込みの激しい国ほど為替レートが減価して、輸出が増えて不況を和らげてくれることが多いことが経験上知られています。

　ところが日本ではそれと反対に円高が起きてしまいました。図表5-4に2007年から2013年までのドル円レートの推移が示されています。

　これによると2007年初めには1ドル＝120円前後だったレートは次第に円高方向に動きます。それでもリーマン・ショック直前の2008年8月にはまだ110円程度だったものが、同年12月から翌年1月にかけては90円前後になってしまっています。その後一時的に円安方向への動きが見られますが、基本的にはレートは着実に円高方向に動いています。この傾向は2012年暮れに第2次安倍政権が誕生するころ、急転して円安が進むまで続きます。

　本文中で触れたように円高は日本の輸出にとってはマイナスです。こうしたことから、ただでさえも輸出急減で不況に陥っていた日本経済はさらに深い不景気の谷に落ちていくことになるのです。

なぜリーマン・ショックのさなかに円高が進んだのでしょうか。1つ言われているのが、この時期に米国および世界で金融不安が高まったことです。人々が不確実性が高まったと感じると、セーフ・ヘイブン通貨に対する需要が増加します。このように、日本円が頼りにされるばかりに、日本経済が一番困っているときにこともあろうに円高が起きてしまい、さらにダメージが大きくなってしまった可能性があるのです。

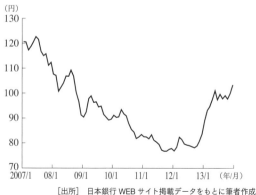

図表 5-4　ドル円レートの推移（2007 年から 2013 年）

[出所] 日本銀行 WEB サイト掲載データをもとに筆者作成

COLUMN

バーナンキ議長の議会証言と為替レート

　2013年5月22日は世界の金融市場にとって大揺れの一日となりました。この日の午前、連銀の議長だったバーナンキ氏は米国議会で証言を行いました。その中で氏は、当時非常に緩和的な状態だった米国の金融政策を少しずつ修正していく可能性に言及したのです。多くの市場関係者はそこまで踏み込んだ発言を予想していませんでした。このニュースが流れたとたんに債券や株式の価格は大きく動き始めました。為替レートも例外ではなく、ニューヨーク市場では取引開始時には1ドル＝102.48円だったものが、終了時には103.16円まで円安・ドル高になっていました。そのあと閉じたロンドン市場の終了時には103.505円まで円安が進んでいました。

　この日、バーナンキ氏が何か特別な政策を実行したわけではありません（議会に出席していたのですから）。将来の政策についてコメントしただけです。それなのに、なぜ為替レートは動いたのでしょうか。

　本文中にも述べたように、市場参加者が抱く将来の為替レートに関する予想は現在の為替レートに影響します。このケースでは米国で近い将来金融引き締めが行われる可能性が高くなったと人々が判断したため、将来のレートは（それまで想定されていたのよりも）ドル高・円安方向に動くと判断されました。この予想の変化が足元の為替レートを動かし（「円安は待ってくれない」ので）、「言っただけでドル高」という事態を招いたのです。

第6章 景気の波を超えて
──行きつく先の経済の姿

これまでこの本では主に、短期的な景気のアップダウンの話をしてきました。例外は第5章の途中で長期の為替レートの決定式が出てきたところくらいだったでしょうか。この本の最後となる第6章では少しずつ、視野を一時的な好景気・不景気の波間の先にあるものへと延ばしていこうと思います。

短期の話をするときにはモノの値段（物価水準）は動かないものとして議論を進めました。そこで、短期から長期へと話を展開するために、まず、モノの値段はどういうときに動き始めるのかという話題からこの章を始めましょう。

1　値上げか据え置きか? 迷う企業の胸のうち

企業の価格決定

モノの値段を決めるのは誰かといえば、それを売っている企業ですね。この節では1つの企業を取り上げて、どういうときにモノの価格を上げたり、下げたりするのかを考えたいと思います。次の第2節で、同じような行動を取る企業がたくさん集まったときに、国全体の物価がどのように動くかという問題を取り上げます。

チャンスはなかなかめぐってこない

ここではある架空の老舗お菓子メーカーにご登場願

いましょう。この会社はロングセラーのアイス菓子「バリバリ君」だけを売って稼いでいます。本当は「妙義乳業」という立派な名前があるらしいのですが、商品名のほうが通りがいいので「バリバリ社」と呼ぶことにしましょう。

アイスの現在の定価は1個120円です。普段はアイスづくりに設備のメンテナンス、販促やお得意先の接待などに忙しく、値段について考えるひまなどとてもありません。でも今月になってなぜかたまたま、ふっと重役陣みんなの手が空いたので、いまの定価について考え直したり相談したりする余裕ができました。次にいつ、そういう偶然が重なるかわかりませんから、この機会は貴重ですね。定価が120円のままでいいのか、じっくりと考えてみることにしましょう。

企業にとって「通常」の状態とは

バリバリ社は北関東に工場を持っています。そこにはちょっと古くなったアイス製造機が備え付けられており、100人のフルタイムの従業員が働いています。パートやアルバイトも働いています。この工場の通常の姿は1日8時間操業です。それは経営陣とフルタイム従業員の代表との話し合いの結果決められたものです。この工場での労働は厳しいものなので、8時間を超えて長く働き続けるといずれ健康を害するのだと従業員たちは言っています。一方、労働時間が8時間よ

り短い状態が長く続くと、賃金所得が少なくなりすぎて生活に困るのだとも言っています。こういった理由で通常の操業時間は8時間と決まっているのです。

企業の生産調整

でも、もしアイスの売れ行きがよくなったら、企業としては操業時間を長くして生産を増やしたいですよね。そんなときに備えた取り決めもフルタイム従業員との間ではできています。企業が彼らに時間を超えて働いてもらいたいときには、それがずっと続くのでない限り、日数（または月数）と1日当たりの時間を提示して残業手当を払えば、従業員は時間延長に応じてくれることになっています。1時間当たりの残業手当は、1日当たりの残業時間や残業が続く日数・月数が長いほど、割増しになります。

長時間操業のコストはほかにもあります。生産に必要なパート・アルバイトの数はフルタイム従業員の労働時間に比例する形で決まっています。ですから彼らが残業するときにはその時間に応じてパート・アルバイトの数を増やさなくてはなりません。また機械設備も、長時間使っているとあちこちがたが来ます。そのメンテナンスのための費用も、1日当たり使っている時間が長いほど加速度的にかかってきます。

反対にアイスの売り上げが悪いときには経営陣としては操業時間を短くして生産をカットしたいですよ

ね。その場合の取り決めもできています。そういうときには会社はフルタイム従業員に時短を提案します。それがあまりずっと続くのでなければ、彼らは応じてくれることになっています。また同時に、そういう苦境の際には時間当たり賃金のカットに応じてくれることにも合意が成立しています。いっしょにパート・アルバイトの数も減りますし、機械のメンテナンスの費用も浮きます。

でも賃金カットもあまり長く続くと、フルタイム従業員は生活が苦しくなってきます。だんだん不満がたまってきて、時短に応じてくれなくなります。企業はいずれプレッシャーに負けて操業時間を8時間に戻さざるを得なくなります。

足元の生産コスト

さて、今月の日本は国じゅうが好景気に沸いているものとしましょう。アイスもよく売れるのでこの工場も通常操業状態を超えて、毎日12時間も操業しています。通常の1.5倍ですね。フルタイム従業員との取り決めにもとづいて、1時間当たりの残業手当をかなりアップしました。また、パート・アルバイトの数も通常の1.5倍にしたのですが、どこの会社も生産を増やそうとしているので取り合いになり、かなり高い時給を提示せざるを得ませんでした。機械設備も毎日長時間使っているので、メンテナンスにかかる費用が激

増しています。ここからさらに生産を増やすとしたら、製品1個当たりにかかる追加費用は、運送費用や商品を置いてくれるスーパー・コンビニへの支払いなどすべてを含めて、通常操業時の10パーセント増しになってしまいそうです。

　振り返ってみれば、数年前、いまの定価の120円を決めたときには、日本の景気は落ち着いていて、この工場も通常操業がずっと続いていました。そのころの計算では製品1個増やすときの追加コストは100円でした。それに営業部隊が市場調査の結果として薦めてきたマージン率の20パーセントを上乗せして、定価を120円に決めたのでした。ところがいま、生産の追加コストは110円まで上がってきています。定価をどう決めたらいいでしょうか?

　1つの考え方は、コストが10パーセントアップしているのだから、価格もそれに合わせて上げるべきだというものでしょう。事実、営業部隊は再び、20パーセントのマージン率が適切であると言っています。そうなると新しい値段は110×1.2で132円となります。でも、本当にそれでいいでしょうか?

将来の生産コスト

　ここで社長や重役たちが思い出さなくてはならないのは、今月はたまたま価格を付け替えるチャンスが巡ってきたけれども、次はいつになるかわからない、と

いうことです。ひょっとすると当分はないかもしれません。ということは、この会社がいまつけようとしているのは今月だけの価格ではなく、当分の間続くことが見込まれる価格だということになります。ですから、決定に際しては足元の状況だけを見ていてはだめです。先行きのことまで考えて値段を決めなくてはいけません。

　たとえば、景気は今月はよいけれども、新聞の報道によれば来月以降は通常の状態に戻ってしまうのだとしましょう。すると来月になればこの会社もいまほどは商品が売れなくなって、生産を通常レベルに戻すことになるでしょう。操業時間も通常の8時間に戻って、残業代も払わなくてよくなるでしょう。ですから生産コストは100円に戻ることでしょう。そのときに先ほど計算した132円という値段をそのままつけていたら、それは高すぎるということになります。

現在のコストだけが高くなった場合

　このように、企業が毎月のように値段を付け直せるわけではないときには、いまのことだけを考えて値段をつけるのは望ましくありません。たとえいま景気がよくて生産コストが上がっていたとしても、すぐ通常に戻ってしまうならば、あまり値段を上げないほうがよいのです。

　このことを図で示したのが図表6-1です。このグラ

フはよこ軸にその月の生産コストを、たて軸にバリバリ社がつけるアイスの価格を取っています。実線が生産コストに応じて企業が選ぶ価格を表していて、これを「価格設定線」と呼ぶことにしましょう。ただしこの線を描くときには、今月の生産コストがいくらでも、来月以降の生産コストは通常レベルに戻るということを想定しています。まず今月のコストが通常通りの100円だったとしましょう。そのときには企業は120円という価格を選びます。これが通常価格です。この状態は図中では点Aに当たります。

　次に、もし今月の生産コストが110円だった場合を考えましょう。この高コスト状態は1カ月しか続かないわけですから、価格は少ししか上げません。これが図中で価格設定線の傾きがゆるやかに描かれている理由です。この傾きをaで表していますが、その値は1よりも小さくなります。つまり、価格設定線の傾きは45度よりも小さいのです。この線から、今月の生産コストが通常コストよりも10円高くなると、バリバリ社が今月付け直す価格は$a \times 10$円だけ上昇することがわかります。これが図中の点Bです。

将来のコストも変化する場合

　図表6-1では来月以降の生産コストが通常水準に戻るという前提で今月の価格設定線を導きました。もし来月以降の生産コストも変化すると見込まれる場合に

図表6-1　バリバリ社の価格設定行動

想定（1）今月価格を付け替える機会がやってきた、次はいつか分からない
想定（2）今月の生産コストは通常水準より高い
想定（3）来月以降の生産コストは通常水準に戻る

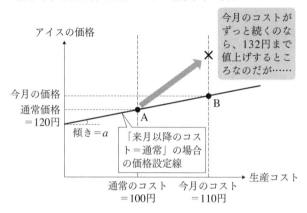

は、今月の価格設定行動も変化します。

たとえば、景気がいいのが今月だけでなく、来月以降もしばらくは好景気が続く見込みだとしましょう。その間は生産コストも高い状態が続くはずです。ということは、バリバリ社はより強気の価格設定に出たほうがよいということになるのです。反対に、来月以降は景気は通常に戻るだけではすまず、もっと悪くなることが見込まれていたらどうでしょうか。不景気が続く間は工場でも時短が行われ、生産コストも通常より低めの状態が続くでしょうから、今月の値上げ幅はか

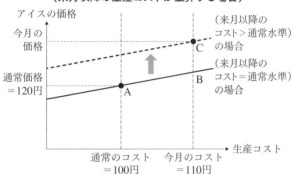

図表 6-2　バリバリ社の価格設定行動
（来月以降の生産コストが上昇する場合）

なり抑えめにしておく必要があるでしょう。

　以上のような考え方を図表 6-2 では価格設定線のシフトという形で表現しています。たて軸、よこ軸は図表 6-1 と同じです。実線が先ほど図表 6-1 で導いた、来月以降のコストが通常に戻ると見込まれる場合の価格設定線です。この線の位置に比べて、来月以降のコストがしばらく高止まると見込まれる場合にはより高めに価格を設定するわけです。これは図の上では最適な価格設定線の上方向へのシフトとして表すことができます。新しい価格設定線が図中の破線です。その結果、今月の生産コストが同じ 110 円であったとしても、バリバリ社は点 B にあたる水準より高い価格、図中の点 C に対応する水準の価格をつけます。

　なお、来月以降の生産コストが通常よりも低いと見

図表 6-3　バリバリ社を率いる社長の価格設定戦略

想定：今月は価格を変更できる。
　　　来月以降は当分変更できない見込み。

込まれる場合には、価格設定線は図表 6-2 とは反対に下方向にシフトし、バリバリ社は図表 6-1 でみた場合よりも低い価格をつけることになります。

以上の考え方をイラストにしたのが図表 6-3 です。この会社が今月つけ直す価格は今月のコストだけでなく、来月以降のコストによっても変わってくることが表されています。

2　インフレ率の決まり方

ミクロの価格付けからマクロのインフレ率へ

さて、個別企業の行動がわかったので、ここから国全体に目を移しましょう。日本の企業全体で見ると、ほとんどの企業は（忙しくて考える暇がないなどの理由で）価格を先月のままで据え置いていると思われま

す。ですから、経済全体での（マクロでの）物価水準、つまりすべての企業が付けている価格の平均はほとんど先月と変わりません。これがこれまでの章の分析で、短期的には物価水準は（近似的に）変わらないと想定してきた理由です。

　ただ、より詳しく見ていくと、世の中には先ほどのバリバリ社のようにたまたま価格を変えることができた企業もあります。ですからこういった企業の行動によって物価水準は毎月、ほんの少しずつ変わっていくことになります。復習になりますが、この物価水準の上昇率のことをインフレ率と呼びます。その値がプラスのときがインフレで、マイナスのときがデフレです。ですからそれぞれの月でたまたま価格を変えるチャンスに恵まれた一部企業が価格を上げれば経済全体はインフレになり、価格を下げればデフレになるのです。

　こういった企業を「価格変更企業」と呼びましょう。第1節のバリバリ社の例から学んだように、インフレ率はこれらの企業の今月のコストと来月以降のコストの2つから決まります。

インフレ率の決定要因①──現在の総需要

　第1節で展開されたストーリーからもわかる通り、企業にとって、現在のコストを決める主な要因は足元の景気です。景気がよくなって今月の生産が通常生産

（これはバリバリ社の例で言えば、8時間の操業時間で生産できるアイスの数を指しています）を超えて増えてくると、各企業が雇用を増やそうとする結果、パートやアルバイトの賃金が上がっていきます。その一方でフルタイム従業員に対しても長時間の残業を要請するため、時間当たりの残業手当を割り増しせざるを得ません。機械設備の稼働率も引き上げられるので、それだけ機械も故障しがちになり、メンテナンスのための費用がかさんできます。これらはすべて生産コスト上昇要因となって、インフレ率を上昇させることになります。

インフレ率の決定要因②──現在の原材料価格など

生産コストは景気以外の要因でも変化します。特に大事なのが生産要素、つまり企業にとってのインプットの価格変化です。たとえば従業員が組合を通じて賃上げを要求し、企業がそれを受け入れたら、それは現在のコスト増加要因でしょう。

日本のように資源を輸入に頼っている国のケースで特に重要なのが、輸入原材料や中間財の価格の変動です。たとえば世界的に原油価格が値上がりしたときなどはそれが国内のナフサ、重油、軽油、ガソリンの価格やさらには電力料金に跳ね返ってきます。国内の多くの企業がそれらを原材料や動力源として使っていますから、これは生産コストを増加させてインフレ率を

上昇させます。

よいインフレ、悪いインフレ

このように、インフレは景気の好転というよい理由で生じる場合と、輸入原材料・エネルギー高という悪い理由で起きてしまう場合があります。

総需要が増大して景気がよくなった結果生じるインフレを「**ディマンド・プル・インフレ**」と呼びます。輸入原材料・エネルギーをはじめとする生産要素などの価格の上昇によって生産コストが上がってしまうために生じるインフレを「**コスト・プッシュ・インフレ**」と呼びます。前者のタイプのインフレは、少なくともその原因は景気好転というグッドニュースであるのに対し、後者のタイプのインフレは悪いことばかりと言えます。

厄介なコスト・プッシュ・インフレ

このうち中央銀行にとってより対応が難しいのはどちらでしょうか。ディマンド・プル・インフレのときにはインフレになると同時に景気も良くなってきていますから、中央銀行としてはどちらに対しても利上げ政策、つまり金融引き締めで対応すべきだということになり、やるべきことははっきりしています。

厄介なのはコスト・プッシュ・インフレのほうです。このときにはインフレ率が上がると同時に生産コ

ストの上昇に対応して企業は生産を減らそうとするで
しょう。その結果、景気は悪くなってしまいます。か
たやインフレ率の上昇は中央銀行にとっては引き締め
に動く要因です。しかし景気の悪化は中央銀行にとっ
ては緩和要因です。どちらの要因をより重視すればよ
いのか、中央銀行は難しいかじ取りを迫られることに
なります。

インフレ率の決定要因③──企業の先行き見通し

　インフレ率決定には将来の生産コスト、より正確に
はそれに関する企業の予想も影響します。そして、こ
れまで見てきたことからわかるように、将来の生産コ
ストに影響するのは将来の景気と生産要素価格です。
価格変更企業は将来の景気がよいだろうと予想する
と、より強気の価格変更をします。

　また、たとえば半年後に原油価格の高騰が来ること
を予想した場合を考えてみましょう。企業は、半年後
になってもいま付けている価格を付け続けている可能
性を考慮する必要があります。仮に現在の生産コスト
だけを考えた価格付けをしてしまうと、半年後にコス
トが急増したときにはコスト対比であまりに割安の価
格を付けていることになって、後悔することでしょう
（ひょっとしたら原価割れを起こしてしまうかもしれ
ませんね）。そうならないように、企業はあらかじめ
高めの価格を付けておくのです。

図表 6-4　インフレ率の決定要因：まとめ

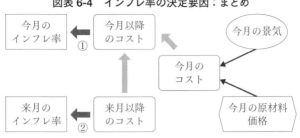

インフレ率の決定要因：まとめ

　以上の話の流れをイラスト化したのが図表 6-4 です。この図は今月のインフレ率は今月以降のコストで決まるというところからスタートしています。これがイラスト上の 1 番目の黒い矢印（①）です。今月「以降」は今月と、来月以降に分けることができます。今月のコストには今月の景気と今月の原材料価格が影響します。

　次に来月以降のコストですが、来月「以降」というと来月も再来月も 3 カ月後も、その先もずっと全部含んでいるので、何だか面倒ですよね。何かこれを一言で表す、わかりやすい表現はないものでしょうか？

　ここで研究者たちはうまいことに気づきました。イラスト上の 1 番目の黒い矢印（①）のように「今月の」インフレ率が「今月以降の」コストと関係するのだったら、同じ理屈を当てはめれば、「来月の」インフレ率と「来月以降の」コストの間にも一定の関係が

成り立つはずですよね。イラスト上ではこれが2番目の黒い矢印（②）で表されています。こうやって考えてみると、あるものが来月以降のコストで決まるというのは、それが来月のインフレ率で決まると言いかえられることがわかります。以上をまとめると、次のようになります。

インフレ理論まとめ
今月のインフレ率は次の3つから決まる
(1) 今月の景気
(2) 今月の原材料価格などの生産要素費用
(3) 来月のインフレ率

インフレ理論の歴史

　実は、以上みてきた話は、マクロ経済学の歴史を語るうえで避けて通れない1枚のグラフと深い関係があります。それが「**フィリップス曲線**」と呼ばれるものです。これはもともとA.W.フィリップスという経済学者が発見した関係です。彼はよこ軸に失業率、たて軸にインフレ率をとったグラフを、データをもとに描いてみました。その結果、右下がりの関係、つまり失業率が低いときにはインフレ率は高くなる傾向があることを見出しました。これが図表6-5のパネルAに描かれています。

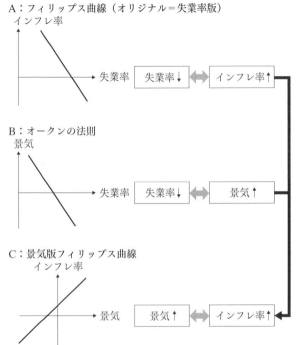

図表 6-5　景気版フィリップス曲線（伝統的な考え方）

A：フィリップス曲線（オリジナル＝失業率版）

B：オークンの法則

C：景気版フィリップス曲線

　もう一つのよく知られた関係に「**オークンの法則**」というものがあります。これは経済学者のオークンが発見した関係で、GDP が大きい、つまり景気がよいときには失業率が低くなるという傾向を意味しています。この関係は図表 6-5 のパネル B に描かれています。

このパネルAとBの関係を合わせると、景気がよいときにはインフレ率が高いという関係、いわば「景気版フィリップス曲線」が出てきます。これがパネルCに描かれています。

このような伝統的フィリップス曲線の議論は先ほど見たインフレ率の3つの決定要因のうち、(1)の現在の景気だけを取り上げたものとみることができます。この考え方は1960年代に一世を風靡したのですが、その後の経験や研究で、それ以外の2つの要因も重要であることがわかってきました。こうして先ほど見たようなインフレ理論が確立されたのです。

インフレ理論、式による説明

そのような新しいインフレ理論を式の形でまとめたのが「**新しいケインジアンのフィリップス曲線**」と呼ばれるものです。ここではその式を紹介します。その前に、まず「**潜在GDP**」（ときには「**完全雇用GDP**」とも呼ばれます）という用語を定義しておきましょう。

> 潜在GDP：企業が通常の操業状態で、つまり時短も残業もせずに生産するときに達成される総生産の水準

ある国の潜在GDPを決めるのはその国の生産能力です。そしてその生産能力はその国がどのくらいの生

産要素（資本ストックと労働）を保有しており、それらを使って生産を行う企業の生産性水準がどの程度かで決まります。

次に「**GDP ギャップ**」という用語を紹介します。これは現在の総生産が潜在 GDP に比べてどのくらい高くなっているかを「率」の形で表したものです。

GDP ギャップ：今期の総生産が潜在 GDP に比べ何パーセント高くなっているか。式で言うと、

$$\frac{\text{今期の総生産} - \text{潜在 GDP}}{\text{潜在 GDP}} \times 100 \, (\text{パーセント})$$

今期の総生産が潜在 GDP を下回っているときには GDP ギャップはマイナスになります。GDP ギャップがプラスのときが景気のよいとき、マイナスのときが景気が悪いときということになります。なお、第 2 章でみたように毎期の総生産は財市場の総需要側で決まります。それに対して潜在 GDP は総供給側の生産能力を表すものです。このため、GDP ギャップはときに「**需給ギャップ**」と呼ばれることもあります。

あとで紹介する式を見やすくするために、原材料価格についても GDP と同じように「**割増率**」を定義しておきましょう。

原材料価格割増率

$$= \frac{今期の原材料価格 - 通常の原材料価格}{通常の原材料価格}$$

$\times 100$（パーセント）

　以上の用語を使って、「新しいケインジアンのフィリップス曲線」の式は次のように書くことができます。

> （今期のインフレ率－通常のインフレ率）
> $= \alpha \times$（今期の GDP ギャップ）
> $+ \beta \times$（来期のインフレ率－通常のインフレ率）
> $+ \gamma \times$（今期の原材料価格割増率）

$$(6.1)$$

　ただし右辺の係数 α、β、γ は全て正の定数です。式 (6.1) の右辺の 3 つの項はそれぞれ、191 ページの「インフレ理論まとめ」のところで学んだ 3 つの決定要因に対応しています。まず第 1 項の GDP ギャップが今期の景気を表しています。第 2 項の来期のインフレ率（の通常水準からのかい離）が将来のインフレ予想が現在の企業の価格設定行動に影響することを表しています。3 番目の原材料価格割増率の項が生産要素費用の果たす役割を反映しています。

　なお、この理論についての教科書的な説明では、最

後の第3項は通常は省略されます。ここでは、輸入原材料価格が日本経済にとっては非常に重要であることを考えに入れて、あえてこの項を付け加えました。

インフレ理論、図による説明

　今度はこの新しいケインジアンのフィリップス曲線（式（6.1））を図のうえで表現してみましょう。図表6-6を見てください。図中、たて軸が今期のインフレ率、よこ軸が今期のGDPギャップです。右上がりの実線が式（6.1）の右辺第2項も第3項もゼロの場合に対応しています。この線は右上がりになっています。これは、GDPギャップが通常水準より大きくなるほど、つまりいまの景気がよくなるほど、インフレ率が上がってくることを意味しています。その傾きが式（6.1）のαです。次の3つのケースを考えましょう。

（ケースA）　経済がこの実線上にあり、しかもよこ軸のGDPギャップがゼロのとき、つまり今期の総生産が潜在GDPに等しいとき、点Aが実現します。この点上でたて軸のインフレ率は通常の値に等しくなっています。

（ケースB）　景気がよくなると、つまり今期のGDPギャップがプラスになると、ほかの条件が同じであれば、経済は実線上を点Bに移動します。そのもとでのインフレ率の値が図中の「今期のインフレ率①」で

図表6-6　新しいケインジアンのフィリップス曲線とそのシフト

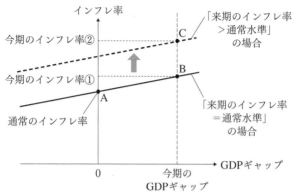

す。これは通常の水準よりも高くなっていることがわかります。

（ケースC）　それに対してその少し上に描かれている右上がりの太い破線は式（6.1）右辺第2項の（来期のインフレ率 − 通常のインフレ率）がプラスの場合に対応しています。このとき、今期価格変更する企業はより強気の価格設定をします。このため、太い破線は先ほどの実線よりも上に位置しています。今期のGDPギャップがケースBと同じだったら、点Bよりも上の点Cが実現します。インフレ率は図中で「今期のインフレ率②」と書いた水準まで上がってくることになります。したがって人々が将来のインフレを予想することは現時点でのインフレ要因となるといえます。

なお、式（6.1）右辺第3項の今期の原材料価格が上昇した場合も全く同じように考えることができます。つまり線は上方にシフトし、今期のインフレ率は上がります。輸入原油の値上がりなどはやはり、国内のインフレ要因になるのです。

3　たどりついた先の経済の姿

好景気とインフレの次に来るもの

さて、もともと経済は通常の状態にあったとしましょう。ここで（たとえば政府の財政政策によって）総需要が増大して生産が増加すると、各企業は生産を増やして通常の景気がよくなります（第3章を参照してください）。このあと、経済はどういう経路をたどって通常の状態に戻っていくのか、をこの節のテーマにしたいと思います。すでにこの章の第2節で、景気の拡大はインフレ率の上昇をもたらすことを見ました。でも、これは調整へのほんの第一歩にすぎません。このあと何が起こるのでしょうか。

カギは中央銀行の対応

インフレ率の上昇は中央銀行にとっては憂慮すべき事態です。それは多くの国で中央銀行が物価水準の安定に対して責任を負うことになっているからです。このまま経済を過熱したままにしておいたら、総裁が国

会に呼ばれて説明を求められるなど、大変なことになってしまうかもしれません。そうならないように中央銀行は利上げ、つまり金融の引き締めに踏み切るべきです。もし中央銀行が充分に強力な引き締めを行えば（どのくらい強力ならよいのか、それは後ほど明らかになります）景気は沈静化に向かうはずです。

利上げに対する民間経済の反応

第3章では利下げ政策のケースについて詳しく学びましたが、いま考えている利上げ政策の効果はちょうどその逆になります。利上げが行われると民間の投資需要が減少します。これは総需要の減退を意味するので、いったんはよかった景気がもとに戻っていきます。そうすると前節で学んだフィリップス曲線から、いったんは上昇したインフレ率も下がってきます。このようにして経済は通常時の姿に戻っていって、調整が完了することになるのです。

行きついた先：総生産

さて、行きついた先である通常時の経済は、いったいどんな姿をしているのでしょうか。まず生産については、バリバリ社の例で言えば8時間操業で生産できる量ということですでに確認ができています。これを「潜在GDP」とか「完全雇用GDP」と呼ぶのでしたね。つまり、

（長期的な生産量）＝（潜在GDP）

です。

行きついた先：実質利子率

　次に実質利子率について考えましょう。この用語は久しぶりに出てきたので、定義を忘れてしまったという人は第4章をもう一度参照してください。実質利子率は誰かから資金を借りようとしている側、たとえば銀行から借り入れて投資をしたい企業にとってはコストといえます。その一方で誰かに資金を貸したいと思っている側、たとえば将来のために現在所得の一部を銀行に預けようとしている家計にとっては便益といえます。

　ここで強調したいのは後者の側面です。実質利子率の長期的な水準は2つの要因から決定されると考えられています。1つ目が長期的な経済成長率です。上で述べた長期的な生産量が速いスピードで増えているときには、長期的な実質利子率も高くなる傾向があります。経済全体が高速で成長しているときには、将来の経済のパイの大きさはいまよりも大きくなっています。ですから、所得を「いま使わないで将来に取っておこうかなあ」と思い悩んでいる人たちに対して、高いリターンを提示してあげることができるのです。

　2つ目の要因が、家計がどのくらいいまの消費に比

べて将来の消費を重視しているかです。資金の出し手
となってくれるはずの人たちが、「今日が楽しければ
（だいたい）いい、明日なんて（ほとんど）どうでも
いい」という人たちばかりだったらどうでしょうか。
経済が成長し続けるためには（あるいは、現状をキー
プするだけのためにも）そういう人たちに何とか今日
の消費を削って、資金を出してもらわなくてはなりま
せん。そのためには高めのリターンを提示せざるを得
ません。反対に、資金の出し手が「先憂後楽」の精神
に満ちた、明日のことを重視する人たちだったらどう
でしょうか。ほんのちょっとでもリターンを提示すれ
ば、喜んでいまの消費を削って資金を提供してくれる
はずです。

行きついた先：金融政策の役割

　以上のように、行きついた先の経済では、実質変数
（総生産と実質利子率）は金融政策とは無関係に、企
業の生産技術や家計の選好などによって決定されま
す。それに対していまから見るように、名目変数（イ
ンフレ率と名目利子率）の決定には金融政策が関与し
ます。金融政策が何を長期的な目標としているかによ
って、これらの変数の決まり方も変わってくるので、
場合分けが必要です。

行きついた先：名目変数、ケース①
──中央銀行が名目利子率をターゲットとする場合

　第4章の短期分析と同じように、長期的にも、中央銀行は名目利子率をある水準に落ち着くように誘導しようとしているとしましょう。この水準を長期ターゲット利子率と呼ぶことにしましょう。名目利子率がこのターゲットと一致するとき、インフレ率はどこに落ち着くでしょうか。ここに深くかかわってくるのが第4章で学んだフィッシャー方程式です。復習するとこれは、「名目利子率＝実質利子率＋予想インフレ率」という関係を指していました。

　ここで問題になるのが右辺の予想インフレ率ですが、長期的には予想と実際のインフレ率は一致すると仮定することにしましょう。短期的には予想を外すことはいくらでもあるでしょうが、たとえば過去10年にわたって10パーセントのインフレが続いているのに、人々は0パーセントを予想し続けている、ということはあまりなさそうだからです。このように、予想インフレ率が実際のインフレ率と一致する長期におけるフィッシャー方程式を「**長期フィッシャー方程式**」と呼ぶことにしましょう。

長期フィッシャー方程式
　（インフレ率）＝（名目利子率）－（実質利子率）

　そうなると、これまでに名目利子率と実質利子率の

落ち着き先は学んでいますから、その差としてインフレ率の落ち着き先は決まることになります。

行きついた先：名目変数、ケース②
──中央銀行がインフレ率をターゲットとする場合

　最近の金融政策においては、名目利子率の長期水準をあらかじめ決めてインフレ率の落ち着き先を民間経済に決めさせるのではなく、インフレ率の長期水準について目標を定めることが多くなっています。これを「**インフレ目標政策**」と呼びます。たとえば2パーセントといった目標が採用されることが多くなっています。なぜゼロではなくて2なのかという議論はこの本の範囲を超えてしまいますし、異論もあるところなので、ここでは省略します。この本を読み終わったらぜひもっと進んだ内容の本などに挑戦してみてください。

　この場合には先にインフレ率の長期的水準が決まり、それとつじつまが合うように（つまり前出の式の関係が満たされるように）名目利子率の誘導目標の値が選ばれることになります。

　以上をまとめると、次のように書けます。

経済変数の長期水準の決定要因
実質変数 総生産：国の生産能力（企業の生産技術と生産要素の量） 実質利子率：経済成長率と家計の選好
名目変数 ①中央銀行が名目利子率をターゲットとする場合：長期フィッシャー方程式を満たすようにインフレ率が決まる ②中央銀行がインフレ率をターゲットとする場合：長期フィッシャー方程式を満たすように名目利子率が決まる

4 経済がこわれてしまう可能性①
——金融政策の失敗

　この本をしめくくるにあたって、少しこわい話を2つします。前の節では経済には時間をかけて通常時（長期）の姿に戻っていく力が備わっているという前提で説明を行いました。でも、経済にはいつでもそういう調整能力があるわけではありません。

　特に、経済政策の運営のしかたに気をつけないと、通常の姿に戻れずにどんどん奈落の底に落ちて行って

「こわれて」しまうことがあります。ここではどういう場合にそれが起きるかについて考えたいと思います。この話は、ひょっとしたら、たどりついた先の姿（前節）や、その周りでの微調整の話（第3章・第4章）などよりも、大事なテーマかもしれませんね。

金融政策の役割

　経済が無事に長期的な姿に落ち着くための第1のカギは金融政策が握っています。第2節で、いったん過熱した経済がもとに戻っていくには中央銀行がインフレに対して利上げで鎮静化をはかることが必要だと述べました。実はこれがうまくいくためには、中央銀行は充分に強力な力でインフレ圧力に対抗する必要があります。それを以下で説明します。

　第4章で説明したように、中央銀行がコントロールするのは名目利子率です。民間の経済活動に影響するのは実質利子率です。その間をつなぐのがフィッシャー方程式だったわけです。ここでは前節と同じように、予想されるインフレ率と実際のインフレ率は一致すると想定しましょう。ですから以下では前節で導入した長期フィッシャー方程式を使っていくことになります。

　いまここで総需要が拡大して景気が盛り上がり、企業が価格を上げ始めたとしましょう。たとえばインフレ率が中央銀行の目標より1パーセント上昇したとし

ましょう。利上げ政策の出番ですね。

たどりつけない場合

ここで中央銀行が遠慮（?）して、名目利子率を0.5パーセントだけ上げたとしましょう。実質利子率はどうなるでしょうか？ 長期フィッシャー方程式から「実質利子率の上昇幅」＝「名目利子率の上昇幅」－「インフレ率の上昇幅」＝0.5パーセント－1パーセント＝－0.5パーセントです。つまり実質利子率は下がってしまいます。

これは大問題です。なぜなら、実質利子率が下がるということは、総需要を刺激して景気をさらに拡大してしまうからです。インフレ率はまた上昇してしまいます。それに対する中央銀行の対応が中途半端だとさらにインフレ率は上がってしまい、そして……という感じになります。つまりインフレは沈静化するどころかどんどん過熱していって、収拾がつかなくなってしまうのです。

こうなってしまった原因は、中央銀行のインフレ対抗策が充分に強力なものではなかったからです。

たどりつくには

想定を変えて、インフレ率が1パーセント上がったときに、中央銀行が名目利子率を1.5パーセント上げたとしましょう。これを先ほどの式に当てはめると、

1.5－1＝0.5 ですから、実質利子率は 0.5 パーセント上がることになります。これは総需要を抑制して景気を冷ます効果があります。インフレ率も低下に転じるはずです。このようにして経済の調整が始まります。中央銀行が通常よりも高い実質利子率の水準を、インフレ率が完全に目標水準に戻るまで保つことで、経済は無事に通常の姿に帰り着くことができるのです。

> **教訓その①**　中央銀行は、経済にインフレ圧力が加わったときには、それに対してそれを相殺して余りあるくらいの利上げで臨まなくてはならない。そうでなければインフレは過熱を続けてコントロールが不可能になる。デフレのときは、同じぐらい強い姿勢で利下げすべき。

5　経済がこわれてしまう可能性②
——財政政策の失敗

財政政策は打ち出の小槌か?

この本では話を単純にするためにいろいろな仮定を置いてきました。財政政策に関していえば、一番大きな仮定は、政府は税金を取らなくてもいくらでも支出できる、というものだったのではないでしょうか。

確かに現実の政府は支出に必要なだけの税収を毎年確保する必要はありません。つまり**財政赤字**を出すことができます。それは足りない分は国債を発行する、

つまり民間から借り入れることでとりあえずまかなえるからです。現実にも、税収以上の支出をしている政府はいくらでもあります。でも、それをずっと続けていて大丈夫なのでしょうか。

財政政策が直面する制約
国債を買うことを考えている人も愛国心や慈善事業でやっているわけではありません。買うからには提供したおカネがしっかり利子もつけて返してもらえることを確信できる必要があります。国債の累積残高、つまり政府の借金の残高がどんどん増え続けていくのを見たら、政府の借金返済能力に疑問がもたれるようになるでしょう。だんだん国債を買ってくれる人がいなくなってしまうかもしれません。そうなったら政府の財政は持続不可能になってしまいます。

政府はしばらくはがんばって財政を立て直す、もしかしたら、大規模な増税を試みるかもしれません。でもこれも国民の大規模な抵抗などにあうかもしれません。あるいは次の選挙でそんな政府は負けてしまうかもしれません。財政の持続可能性の限界を決めるのは政策担当者の能力だけではなく、増税を嫌う国民の意思の強さや、そういった反対の声に立ち向かう政府の力の強さなのです。

たどりつけない場合

　財政がいよいよ行き詰まったときになにが起きるか、いくつかのシナリオがありえます。よくあるのが「お札を刷る」という手です。これまでこの本では貨幣の追加供給を政府の資金調達手段とは見なしてきませんでした。それは現代の経済では中央銀行は政府からは独立していると定められ、財政赤字穴埋めのためには協力しないと決められているからです。でもそんな決まりができたのは歴史的にはごく最近です。また、政府が本当に苦しくなったら、そして権力だけは強大だったら、そんな決まりは空文化してしまうかもしれません。

　政府が中央銀行に対して「輪転機を回す」ように圧力をかけ、中央銀行がそうした圧力に弱い存在だったら、財政赤字は貨幣供給の際限のない増大、そしてインフレにつながります。実際、「**ハイパーインフレーション**」と呼ばれる現象が歴史上何度も起きています。

たどりつくには

　以上のようなことが起きないようにするには、もちろん、財政政策をある程度規律正しく運用し、政府の借金の残高が政府の返済能力を超えてどんどん膨らんでいってしまわないようにすることが大事です。政府の返済能力、つまり国民から税を取る能力は国の経済の大きさと連動すると考えられますから、国債累積残

高が対 GDP 比で見てあまり大きすぎない水準で安定することが重要です。

　ただ、いくら規律正しくしなさいと言っても、楽できる誘惑があると抵抗しにくいのが人情でしょう。政府にとっての最大の誘惑は「輪転機を回す」ことです。先人たちはこの誘惑を断ち切るために知恵と工夫を積み重ねてきました。その１つが「中央銀行の独立性」です。これは中央銀行にいわば輪転機の「番」をさせ、この番人に政府が圧力をかけられないようにする仕組みといえます。

教訓②　政府は国債累積残高が（対 GDP 比で見て）発散的に増加していってしまわないよう、財政赤字を抑制する必要がある。また中央銀行は政府からの財政赤字穴埋め圧力に抗するだけの独立性を維持している必要がある。

COLUMN

ガリガリ君「事件」

　「失われた20年」の日本ではデフレ・低インフレ脱却のための
さまざまな政策が行われてきました。その一端は第4章第9節で
も取り上げましたね。その割には、日本のインフレ率は期待した
ほど上がってこないなあ、という感想を多くの人が抱いていま
す。このため、多くの研究者や政策担当者は、日本経済は景気が
よくなってもインフレ率が上がりにくい体質に変わってしまった
のではないか、と疑ってきました。

　そんなある日、ニュースが飛びこんできました。赤城乳業株式
会社の看板商品「ガリガリ君」は子どもたちに大人気のアイスキ
ャンディーで、1981年から続くロングセラーです。その値段が
2016年4月1日以降、60円から70円に（25年ぶりに！）値上
げされることが決まったのです。このことは日本のマスコミだけ
でなく、英国フィナンシャル・タイムズなど世界の有力紙で報じ
られました。

　値上げそのものが世界的ニュースだったのではありません。会
社は値上げにあたり、テレビや新聞でお知らせの広告を出しまし
た。画面や紙面には、会社の会長さんを先頭にたくさんの社員の
皆さんが社屋の前に整列し、一斉に深々とお辞儀をして値上げを
謝罪する様子が映し出されていました。テレビCMのバックでは
「値上げ」という歌が流れていました。

　これを見た海外のマスコミの人々は仰天したようです。日本で
値上げをするのはそんなに大変なことなのか！ということで騒ぎ
になり、ガリガリ君は世界的に有名（？）になりました。

　日本でも1980年代半ばまではインフレはごく普通のことでし
た。ですので、モノの値段を上げるのがなぜこれほど大ごとにな
ったのかは謎です。多くの研究者がその解明に取り組んでいると
ころです。

COLUMN

経済がこわれかけた例：米国、1970～80年代初

　本文中では経済がこわれてしまう一つの可能性として、コントロール不能なインフレという現象を取り上げました。これと近いことが1970年代の米国で起こっていたと考えられています。米国というと一番の先進国というイメージが強いので、その経済がこわれかけていたという感覚はなかなか持てないのですが、少なくともあのままでは危なかったかもしれない、ということはいえるのです。

　図表6-7は米国のインフレ率と名目利子率の推移を、1960年から1989年までの期間について示しています。1970年代前半の米国はインフレ状態にありました。よく知られた原因としては第1次オイルショックがあります。中東での紛争をきっかけに世界中の原油価格が大幅に値上がりしたのです。ただこのほかにも、米政府による財政拡大などがインフレに影響していたことがいまでは理解されています。

　米国の中央銀行である連銀はこのインフレ圧力に対して充分な対抗手段を取りませんでした。その1つの理由にはオイルショックによって景気が低迷していたことを連銀が気にしたということがありました。この中途半端な姿勢のために連銀はインフレを抑えることができず、国民の間に不満がたまっていました。

　この事態を一変させたのが、1979年に連銀の議長に就任したポール・ボルカー氏でした。彼はそれまでの連銀の方針を変えて急

激な引き締め政策を取り、インフレは一気に沈静化しました。米国経済は深刻な景気悪化という大きな代償を払いましたが、コントロール不能なインフレという悪夢からは脱することができたのです。

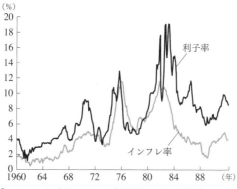

図表 6-7　米国のインフレ率と名目利子率の推移
（1960～1989 年）

[出所] セントルイス連銀 WEB サイト掲載統計をもとに筆者作成
[注] インフレ率は個人消費支出価格指数（前年同月比）、利子率はフェデラルファンド金利

COLUMN

経済がこわれてしまった例：ハイパーインフレーションの歴史

　もっとも有名なハイパーインフレーションは1920年代にドイツで起きたものです。当時のドイツは戦争に負けたばかりで、膨大な賠償金支払い義務を負っていました。財政が苦しくなった政府が中央銀行に圧力をかけて貨幣供給を増加させた結果、急速なインフレが生じました。貨幣供給と物価水準の推移を比べた結果、前者の増加と並行して、物価上昇が生じていたことがわかっています。

　その後もいろいろな国でハイパーインフレーションが起きていますが、その大きな要因は常に財政赤字でした。アフリカのジンバブエではピーク時の2008年11月に最高89,700,000,000,000,000,000,000パーセントのインフレが起きたとみられています（ただし、公式統計は発表されていません。これは米国のケイトー研究所に所属する研究者の推計値を基にしています）。その裏には放漫な財政政策があったと考えられています。本書執筆中（2019年1月）には南米のベネズエラでインフレが進行中です。国際通貨基金（IMF）は2018年10月に、インフレ率は2019年中に1000万パーセントに達するだろうという見通しを明らかにしています。このインフレももとを正せば政権によるばらまき型財政の結末だと思われています。

　こういう話を聞いていると心配になってくるのが、日本の財政の現状です。図表6-8は日本の公債（国債プラス地方債）残高の対GDP比の推移を米国と比べたものです。日本の最近の数値は200パーセントを超えています。米国もあまり財政が健全でない

とされ、よく政治問題化していますが、日本に比べれば「ものの数ではない」とすら言えます（いばる話ではないですが）。本書執筆時点では国債に買い手がつかないといった危機は、その気配すら生じていません。ですので、多くの人々はまだ財政健全化の可能性を信じていると思われます。ただ、こういった人々の心の中にある「信認」といったものは急変することもあります。今後の展開を注意しながら見守る必要があるでしょう。

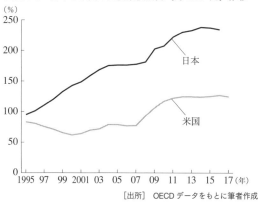

図表 6-8　日本と米国の公債累積残高（対 GDP 比）推移

[出所]　OECD データをもとに筆者作成

エピローグ

大航海への船出を飾った皆さんへ

　ここまで読んでいただいた皆さん、ありがとうございます。この本で説明したのは入門レベルのマクロ経済学で、内容としてはごく標準的なものです。ただそのわりには、私も「これはどう言ったらよりよく伝わるだろう」とうんうんとうなりながら言葉を絞り出すように書いてきた気がします（原稿が遅くなってごめんなさい、編集者の細谷さん）。一人でぶつぶつ言いながら何度も書きかえた箇所もあります（家族の皆さん、うるさくてすみません）。その結果、本当にわかりやすい本になったのか、それは皆さんの評価を仰ぐしかありません。

　この本を読んだ皆さんにマクロ経済学の問題について自分で考えるのは楽しいことだと感じてもらえたら幸いです。「これまで、テレビの解説を聞いても『ふうーん、そういうものなんだ』としか思わなかったんだけど、最近、『あれ、なんか変だな？』とか、『ひょっとしてこれ、間違ってない？』とか思うんだよね」とかいった悩める人たちをたくさん生み出すことができていたら、書き手としてはとてもうれしいです。

　思い返せば大学時代、私も日経文庫を出発点にマクロ経済学の大海原に入っていきました。皆さんにとっ

てもこの本が、人生で最後に読んだマクロ経済学の本になるのではなく、長く続いていく大航海の第1ステップになるとしたら、これに勝る喜びはありません。

2019年1月

塩路　悦朗

さらに学びたい皆さんへ

　幸い、航海を続けたい人のためには、最近では多くの良書や優れた教科書が用意されています。いきなり手前味噌ですが、古沢泰治・塩路悦朗著『ベーシック経済学——次につながる基礎固め〈新版〉』（有斐閣アルマ Basic、2018 年）の後半部分では、本書とほぼ同じくらいのレベルの入門的なマクロ経済学が、もう少し数式やグラフを使って（いわば教科書っぽく）説明されています。前半部分では入門レベルのミクロ経済学もわかりやすく学ぶことができるので、お得（？）だと思います。

　もう少し進んだ段階の本は本当によりどりみどりです。あえて選ぶなら、外国のものだったら『マンキュー　マクロ経済学Ⅰ　入門篇〈第 4 版〉』（東洋経済新報社、2017 年）と『マンキュー　マクロ経済学Ⅱ　応用編〈第 4 版〉』（同、2018 年）を挙げます。読者に伝わるように説明する、とはこういうことなのか！というのを体感できると思います。日本人によるものの中では吉川洋著『マクロ経済学〈第 4 版〉（現代経済学入門）』（岩波書店、2017 年）が読みやすいと思います。

　そして、そのレベルを突き抜けてさらに高みを目指す人はぜひ齊藤誠・岩本康志・太田聰一・柴田章久著

『マクロ経済学〈新版〉(New Liberal Arts Selection)』（有斐閣、2016年）に挑戦してください！　反対に、私の本を読んでもまだマクロ経済学へのモチベーションがわかないという人がいたら、吉川洋著『高度成長』（中公文庫、2012年）を手に取ってほしいと思います。

索　引

<数字・アルファベット>

45 度線分析 …………… 125
GDP ……………………… 4, 22
GDP ギャップ …………… 194
GDP デフレーター ………… 48

<50 音順>

あ行

新しいケインジアンの
　フィリップス曲線 ……… 193
アニマル・スピリット ……… 97
インフレ目標政策 ………… 203
インフレ率 ………………… 48
円高 ……………………… 138
円安 ……………………… 138
オークンの法則 …………… 192

か行

価格 ……………………… 55
価格設定線 ……………… 182
貸し渋り ………………… 127
貸し倒れリスクプレミアム … 168
可処分所得 ……………… 60
貨幣 ……………………… 114
貨幣需要 ………………… 119
貨幣需要線 ……………… 121

為替差益 ………………… 148
為替差損 ………………… 149
為替レート ……………… 138
完全雇用 GDP …………… 193
危機リスクプレミアム ……… 169
基礎消費 ………………… 61
供給 ……………………… 54
銀行準備 ………………… 117
金融緩和 ………………… 123
金融政策 ………………… 8
金融引き締め …………… 123
計量経済学 ……………… 3
ケインズ型消費関数 ……… 61
減価 ……………………… 148
限界消費性向 …………… 62, 79
減価率 …………………… 158
現金 ……………………… 117
減税乗数 ………………… 87
公的投資 ………………… 40
恒等式 …………………… 35
購買力平価説 …………… 151
コールレート …………… 128
国内総生産 ……………… 22
コスト・プッシュ・インフレ
　……………………… 188
固定投資 ………………… 39

さ行

サービス	30
財	22
在庫投資	39
財政赤字	207
財政政策	8, 65
裁定取引	150
三面等価の原則	35
資産価格	88
市場	54
失業率	45
実質	29
実質総生産	25
実質利子率	111
資本減耗率	97
資本ストック	44
住宅投資	39
需給ギャップ	194
需要	54
純輸出	37
消費	37
所得	60
信用創造過程	118
ストック変数	45
成長戦略	8
成長率	33
政府支出	37
政府支出乗数	81
政府消費	40
セーフ・ヘイブン通貨	169
設備投資	39
潜在 GDP	193
増価	148
総支出	35
総所得	35
総生産	22
総労働時間	46
租税	8, 60

た行

短期	55
中央銀行	8
長期	55
長期フィッシャー方程式	202
貯蓄	43
ディマンド・プル・インフレ	188
伝統的金融政策	128
統計学	3
投資	37
投資関数	112

な行

日本銀行（日銀）······················ 8

は行

ハイパーインフレーション ···· 209
非伝統的金融政策 ···················· 131
避難通貨 ···································· 169
フィッシャー方程式 ················ 111
フィリップス曲線 ···················· 191
不確実性 ···································· 90
物価水準 ···································· 47
フロー変数 ······························· 45
変動リスクプレミアム ·········· 168

ま行

マイナス金利政策 ···················· 132
マクロ経済学 ····························· 3
マネーストック ························· 115
マネタリーベース ···················· 116
ミクロ経済学 ························· 3, 5
名目 ·· 29
名目総生産 ······························· 24
名目利子率 ······························· 111

や行

有効求人倍率 ····························· 46
輸出 ·· 41
輸入 ·· 41
予想物価上昇率 ························· 111

ら行

利上げ ······································ 113
利下げ ······································ 113
利子率 ································ 97, 106
リーマン・ショック ·················· 6
流動性プレミアム ···················· 168
量的緩和 ···································· 131
労働力 ······································ 46

著者略歴

塩路 悦朗（しおじ・えつろう）

中央大学商学部教授。
1965年東京都生まれ。1987年東京大学経済学部卒業。1995年イェール大学経済学研究科博士課程修了（Ph.D.）。横浜国立大学大学院国際社会科学研究科助教授、一橋大学大学院経済学研究科教授等を経て、2024年より現職。著書に『ベーシック経済学〈新版〉』（共著、有斐閣アルマ Basic）がある。

日経文庫 1405

やさしいマクロ経済学

2019年2月15日　1版1刷
2025年1月 9 日　　　4刷

著者	塩路悦朗
発行者	中川ヒロミ
発行所	**株式会社日経BP** 日本経済新聞出版
発売	**株式会社日経BPマーケティング** 〒105-8308　東京都港区虎ノ門4-3-12
装幀	next door design
組版	マーリンクレイン
印刷・製本	三松堂

©Etsuro Shioji, 2019　ISBN978-4-532-11405-3
Printed in Japan

本書の無断複写・複製（コピー等）は、著作権法上の例外を除き、禁じられています。
購入者以外の第三者による電子データ化および電子書籍化は、私的使用を含め一切認められておりません。
本書籍に関するお問い合わせ、ご連絡は下記にて承ります。
https://nkbp.jp/booksQA